BEI GRIN MACHT SICH IHR WISSEN BEZAHLT

- Wir veröffentlichen Ihre Hausarbeit,
  Bachelor- und Masterarbeit

- Ihr eigenes eBook und Buch -
  weltweit in allen wichtigen Shops

- Verdienen Sie an jedem Verkauf

**Jetzt bei www.GRIN.com hochladen
und kostenlos publizieren**

Adäquates Rückentraining nach dem 5-Stufen-Modell. Von der Diagnose bis zur Evaluation

Christian Redmer

Bibliografische Information der Deutschen Nationalbibliothek:

Die Deutsche Nationalbibliothek verzeichnet diese Publikation in der Deutschen Nationalbibliografie; detaillierte bibliografische Daten sind im Internet über http://dnb.d-nb.de abrufbar.

ISBN: 9783346353771
Dieses Buch ist auch als E-Book erhältlich.

© GRIN Publishing GmbH
Nymphenburger Straße 86
80636 München

Druck und Bindung: Books on Demand GmbH, Norderstedt Germany
Gedruckt auf säurefreiem Papier aus verantwortungsvollen Quellen

Das Buch bei GRIN: https://www.grin.com/document/990871

ACADEMY OF SPORTS

Abschlussarbeit zum Modul
Fitnesstrainer B-Lizenz Thema:
Rückentraining
Erstellung eines individuelle Trainingsplans

CHRISTIAN REDMER
Januar 2021

Inhaltsverzeichnis:

1.Einleitung

1.1 Rücken- und Kreuzschmerzen - Volkskrankheit Nr.1

Aufgabe der Abschlussarbeit Rückentraining ist es, ein adäquates Rückentraining nachdem 5 Stufen Modell für einen Zeitraum von 6 Monaten zu planen. Dabei sind alle Stufen, von der Diagnose, über die Zielsetzung, die Trainingsplanung, die Durchführung bis hin zur Evaluation bzw. den Re - Test enthalten

Viele Menschen leiden heutzutage unter Verspannungen, Rückenschmerzen, Gelenkproblemen und weisen diverse Fehlhaltungen auf. Ursache für diese Probleme sind meist Bewegungsmangel und falsche Körperhaltung oft auch in Alltagsbewegungen. Muskuläre Dysbalancen sind in diesen Fällen nicht selten. Dazu kommt noch eine falsche Ernährung und ein schlechtes Herz- Kreislaufsystem.
Durch Bewegung wird der Kreislauf in Schwung gebracht, die Gelenke werden mobilisiert und die Muskulatur wird aktiviert. Die Anpassung des HK –Systems zeigt sich durch die Steigerung von Herzfrequenz und Schlagvolumen. Nach allgemeiner Einschätzung leiden 80% unserer Bevölkerung irgendwann in ihrem Leben an Rückenschmerzen. Von Rückenschmerzen scheinen Erwachsene jeden Alters betroffen zu sein. Eine erste Periode von Rückenbeschwerden kommt meistens vor dem dreißigsten Lebensjahr. Dabei finden sich die Erkrankungen gleichermaßen unter Berufstätigen mit körperlicher Schwerarbeit wie auch bei Sitzberufen mit chronischen Bewegungsmangel.

Rückenschmerzen zählen zu den häufigsten, kostenintensivsten und medizinisch ungelösten Problemen in Deutschland. 69 Prozent der Deutschen leiden unter Rücken-schmerzen, 12 Prozent sogar täglich. 34 Prozent der Deutschen klagen über rezidivierende oder chronische Rückenschmerzen. 20 Millionen Deutsche suchen oder chronische Rückenschmerzen. 20 Millionen Deutsche suchen jedes Jahr wegen Rückenschmerzen einen Arzt auf. Weitere interessante Fakten sind: Die häufigsten Therapieformen sind Medikamente - 64 Prozent der Patienten erhalten diese -, Krankengymnastik (61%), Massagen (49%) und Spritzen (44%).Bei 81 Prozent der Patienten, denen die verordneten Maßnahmen geholfen haben, kommen die Rückenschmerzen wieder. Rückenschmerzen verursachen in Deutschland einen jährlichen volkswirtschaftlichen Schaden in Höhe von zirka 49 Milliarden Euro. Lediglich zirka 7 Prozent der Patienten verursachen 80 Prozent aller Kosten. Hierbei handelt es sich vor allem um Patienten, die unter chronischen Rückenschmerzen leiden. Diese zeigen drei Auffälligkeiten: Sie sind zumeist übergewichtig, in der Regel älter als 50Jahre und überwiegend weiblich. Rein rechnerisch verursacht jeder Rückenschmerz Patient durchschnittliche Gesamtkosten in Höhe von mehr als 1 300 Euro pro Jahr. Diese Kosten nehmen jedoch mit zunehmendem Schmerzgrad exponentiell zu; das heißt, dass Chronifizierung Stadium des Krankheitsbildes bestimmt die Höhe der medizinischen Versorgungs- und sozialen Folgekosten (quelle 1)

1.2 Rückenschmerzen sind oft auch Stressfolgen

Chronische Erkrankungen entstehen häufig aus dem Zusammenwirken verschiedener Belastungsfaktoren, vor allem aus dem Bereich des persönlichen Verhaltens und der Arbeits- und Umweltbedingungen. Neben dem individuellen Risikoverhalten wirken beim Entstehen von Rückenbeschwerden in der Regel auch Arbeitsbedingte, außerbetriebliche und Persönlichkeitsbedingte Gesundheitsrisiken mit.

Mit einem regelmäßigen Rückentraining könnte man diesen krankheitsbegünstigenden Risikofaktoren entgegenzuwirken, auf der anderen Seite Schutzfaktoren (z.B. körperliche Aktivität, Lebensfreude, soziale Integration) aufbauen, die dem Menschen helfen, gesund zu bleiben, sich wohl zu fühlen oder mit seinen Leiden besser fertig zu werden. Rückentraining zielt auf die Wiederherstellung, Verbesserung und Erhaltung der

- Rücken-Gesundheit die Entfaltung des Körperbewusstseins

- Die Hinführung rückenfreundlichem Verhalten (Reduzierung / Vermeidung rückenschädlicher Verhaltensweisen)

- Verbesserung der körperlichen Fitness und Leistungsfähigkeit (Belastbarkeit)

- Die langfristige Motivation zur Durchführung wirkungsvoller Alltagsstrategien

  Lifetime-Sport, Bewegung, Entspannung)

Die einzelnen Rückentrainings Pläne setzen sich aus verschiedenen Elementen und Inhalten zusammen, wobei deren Gewichtung je nach Ausrichtung und Zielsetzung der individuellen Rückenschule durchaus unterschiedlich sein kann. Hier seien die wichtigsten Punkte genannt:

- Verhalten im Alltag

- Haltung und Bewegung werden individuell korrigiert.

- Rückengerechte Hebe- und Tragetechniken werden so eingeübt und trainiert, dass sie auch in den Alltag umgesetzt werden können.

- Bewegung: Über weiterführende Rückenschonende Bewegungsaktivitäten wird informiert.

- Gymnastische Übungen zur gezielten Kräftigung und Dehnung einzelner Muskelgruppen werden durchgeführt.

- Anleitungen werden gegeben für das gezielte, individuell angemessene Rückentraining zu Hause.

- Entspannung: Über verschiedene Formen der Entspannung wird informiert. Entspannungstechniken, wie beispielsweise die so genannte progressive Muskelentspannung, werden durchgeführt und trainiert.

- Anleitungen für selbstständig durchzuführendes Entspannungstraining werden vermittelt.

- Umgang mit Schmerz

- Verschiedene Möglichkeiten des Umgangs mit Schmerz sowie das Erlernen verschiedener Formen zur Bewältigung des Schmerzes stehen im Vordergrund.

- Arbeitsplatz: Über die rückengerechte Arbeitsplatzgestaltung (Tischhöhe, Sitzkissen etc.) wird informiert.

1.3 Theoretische Grundlagen

Man kann davon ausgehen, dass die Rückenmuskeln typischerweise, wie letztlich die gesamte Skelettmuskulatur, während stundenlanger Alltagsbelastung (z.B. Sitzen, Stehen, Gehen) dominant aerob arbeiten. Das heißt, es geht um eine kontinuierliche Langzeitausdauerbelastung unterhalb der lokalen anaeroben Schwelle. Dies ist bei stundenlangen Belastungen physiologisch nicht anders möglich (Quelle 2)

Wenn es zu Kraftanstrengungen kommt, dann sind diese eher kurz und eher submaximal (z.B. Heben eines Wäschekorbes mit nasser Wäsche). Deshalb wird bei dieser Beanspruchung die anaerob-alaktazide Energiebereitstellung via Kreatinphosphats Wechsel kurzfristig zum aeroben Stoffwechsel hinzugeschaltet (Heck, 1990). Erfolgt diese submaximale Kraftbelastung mehrmals aufeinander (z.B. beim Bodenumgraben im Garten, Heben schwerer Lasten), neigt man im Alltag nicht dazu, sich bis zur vollkommenen Erschöpfung innerhalb von Sekunden oder wenigen Minuten aus zu belasten, sondern verfolgt andere Strategien. Eine besteht darin, die Belastungsintensität etwas in Richtung „aerob" zu senken (z.B. mit ökonomischer Arbeitshaltung). Eine andere ist, Pausen zwischen den einzelnen Belastungen zu machen. In den Pausen erfolgt dann die Rephosphorylierung, die relativ schnell zur Erholung führt (Heck, 1990). Trotzdem kann es bei dieser Art von Belastung über die vielen Belastungswiederholungen zu leichten Anhäufungen von Laktat kommen.

Denn der anaerob-laktazide Stoffwechsel ist grundsätzlich bei allen Bewegungsleistungen – selbst bei Ruhe Bedingungen beteiligt (Heck, 1990). Außerdem ist die Pausendauer für die Erholung – bei einer Halbwertzeit für die Laktatkompensation von 12–5 Minuten – in der Regel für eine vollständige Laktatkompensation zu kurz (Bartholdi et al., 2001a & 2001b). Dieses Belastungsverhalten im Alltag ist also wesentlich anders als z.B. im Leistungssport. Dort kommt es unter dem Aspekt der maximalen (Kraft-)Leistung in einer definierten Zeit oder innerhalb einer möglichst kurzen Zeit eher zu einer vollständigen Erschöpfung in Richtung Maximalkraft oder anaerob-laktazider Kraftausdauer.

1.4 Anatomie der Wirbelsäule

Die Wirbelsäule ist in drei Hauptabschnitte unterteilt: Den oberen Abschluss bildet die Halswirbelsäule (HWS) mit sieben Halswirbeln. Ihre Aufgabe ist es, den Kopf zu tragen.

In der Mitte befindet sich die Brustwirbelsäule (BWS) mit zwölf Brustwirbeln. Gemeinsam mit dem Brustbein und den Rippen bildet sie den knöchernen Brustkorb. Das untere Ende stellt die Lendenwirbelsäule (LWS) mit ihren fünf Lendenwirbeln dar. Sie steht direkt auf dem Becken auf.

Diese Abbildung wurde aus urheberrechtlichen Gründen von der Redaktion entfernt

(Quelle 3)

Auch das Becken ist - zumindest zum Teil - Bestandteil der Wirbelsäule. Kreuzbein und Steißbein stellen den hinteren Teil des Beckens dar. Auch sie bestehen aus Wirbeln, die jedoch zu einem starren Knochen verschmolzen sind und keine Eigenbewegung zulassen.

Die verschiedenen Aufgaben und Belastungen haben den Wirbeln der einzelnen Wirbelsäulenabschnitte unterschiedliche Formen verliehen. So sind beispielsweise die Halswirbel merklich kleiner als die Lendenwirbel. Sie muss lediglich das Gewicht des Kopfes tragen, während auf den Lendenwirbeln die Last des Rumpfes und der Arme ruht - und das des Kopfes noch dazu. Die typische Doppel-S-Form der Wirbelsäule, bildet sich bereits während der ersten Lebensjahre in der Phase des Laufen Lernens. Die Brustwirbelsäule weist eine deutliche, nach hinten gerichteter Krümmung auf (Brustkyphose). Die unten anschließende Lendenwirbelsäule gleicht das durch eine leicht nach vorne gerichteter Wölbung aus. Das hat statische Auswirkungen: Das Körperlot läuft eng an der Wirbelsäule entlang und kann über das Becken an die Beine weitergegeben werden, ohne dabei große

Hebelkräfte zu verursachen. Den Hauptteil des Gewichts tragen der Wirbelkörper. Er und ein paariger Wirbelbogen, bilden zusammen den Wirbel. Die Verbindung der aufeinander folgenden Wirbellöcher bildet den Spinalkanal, in dem das Rückenmark verläuft.

Zwei benachbarte Wirbellöcher schließen allerdings nicht fugenlos aneinander an. Aus der entstehenden Lücke, dem Zwischenwirbelloch, treten links und rechts Nerven aus. Gelenkfortsätze, die sich am Wirbelbogen befinden, nehmen einen Teil der senkrecht einwirkenden Druckkräfte auf. Sie bestimmen die Beweglichkeit der Wirbel in den einzelnen Abschnitten. In der Lendenwirbelsäule zum Beispiel sind die Gelenkfortsätze von vorn nach hinten gerichtet. Das erlaubt das Beugen und Strecken, engt aber die Möglichkeiten zur Drehung und Seitenneigung merklich ein. Als einziges Wirbelelement der Lendenwirbelsäule sind die Dornfortsätze durch die Haut ertastbar. Sie und zwei weitere größere Elemente, die Querfortsätze, sind die eigentlichen Ansatzflächen und der anatomische Ursprung der Rückenmuskulatur. Unser Körper folgt in vieler Hinsicht modernsten Konstruktionsmerkmalen. So sind die Wirbel wie viele andere Knochen auch in Leichtbauweise ausgeführt. Während die Ränder aus einer stabilen Knochenrinde bestehen, verteilen im Inneren viele feine Knochenbälkchen die Last gleichmäßig auf den gesamten Querschnitt. Ober- und Unterseite der Wirbelkörper sind mit glattem Knorpel überzogen. Diese Schichten dienen als Lager für die Zwischenwirbelscheiben (Bandscheiben). Bandscheiben befinden sich in allen Wirbelzwischenräumen - außer zwischen erstem und zweitem Halswirbel. Den Bandscheiben kommt eine fundamentale Aufgabe zu: Sie erlauben die Bewegung der Wirbelkörper gegeneinander und sorgen für die gleichmäßige Verteilung einwirkender Kräfte.

Der Mensch kann im Laufe des Tages einen bis zwei Zentimeter kleiner werden. Die Ursache dafür ist bei den Bandscheiben zu suchen: Im Stehen und Sitzen wirkt ständig hoher Druck auf sie ein. Die Folge: Wasserverlust und damit Rückgang der Scheibendicke. Im Liegen nimmt die Bandscheibe wieder Wasser auf und lässt uns am nächsten Morgen in voller Größe erwachen. Bandscheibenschäden entstehen in vielen Fällen ebenfalls durch die tägliche Druckbelastung. Ist der Druck zu hoch, sinkt die Versorgung der Bandscheiben mit Sauerstoff und Nährstoffen auf ein Minimum. Dauert diese "Unterernährung" über einen längeren Zeitraum an, sind Schädigungen die Folge.

1.5 Training der Tiefenmuskulatur

Durch Bewegungsmangel oder überwiegend sitzende Tätigkeiten werden die kleinen, tief liegenden Muskeln zu wenig beansprucht und verlieren ihre Schutzfunktion. Die großen äußeren Muskeln können das aber nicht immer kompensieren. Ein gezieltes Training der stabilisierenden Tiefenmuskulatur ist notwendig. Die Tiefenmuskulatur ist eine den Körper stabilisierende Muskulatur. Es handelt sich um die unteren, tiefen Muskelschichten, die dem Körper Form geben und Gelenke stabilisieren.

Durch Bewegungsmangel oder überwiegend sitzende Tätigkeiten werden die kleinen, tief liegenden Muskeln zu wenig beansprucht und verlieren ihre Schutzfunktion. Die großen äußeren Muskeln können das aber nicht immer kompensieren. Ein gezieltes Training der stabilisierenden Tiefenmuskulatur ist notwendig.

Zur Tiefenmuskulatur gehören die tiefen liegenden Anteile der Bauch- und Rückenmuskulatur sowie die Beckenbodenmuskulatur. Auch in der Beinmuskulatur werden bestimmte Muskeln zur Tiefenmuskulatur gerechnet.

Die Oberflächenmuskulatur lässt sich durch Krafttraining relativ einfach und gezielt trainieren und formen. Sie kann jedoch nicht allein den Körper stabilisieren, wenn die Tiefenmuskulatur nicht mit trainiert wird. Mit den Maschinen im Fitnessstudio erreicht man zum Beispiel die tiefen Bauch- und Rückenmuskeln in der Regel auch nicht. Sie kontrahieren erst, wenn der Körper in eine instabile Position kommt. Für die Stabilität der Körpermitte sind die tiefen Bauch- und Rückenmuskeln (und alle weiteren Core-Muskeln) sogar noch wichtiger als die Oberflächenmuskulatur. Sie sorgen für mehr Gleichgewicht und Stabilität, ermöglichen verschiedene Rück- und Seitwärtsneigungen sowie Drehbewegungen.

Ein Training mit Stabilisations- und Balanceübungen wird als propriozeptives Muskeltraining bezeichnet. Ziel und Zweck des Trainings ist die Verbesserung der Koordination. Grundlage aller Bewegungen bildet das Zusammenspiel zwischen Muskulatur und Nervensystem. Dabei haben Propriozeptoren eine besondere Bedeutung. Es handelt sich um Rezeptoren, die Informationen über die Gelenkbewegung und Gelenkstellung an das Nervensystem leiten. Sie gewährleisten die Wahrnehmung der Bewegung und die Wahrnehmung der Stellung des Körpers im Raum. Mit zunehmender Alter nehmen die koordinativen Fähigkeiten wie Gleichgewichtsfähigkeit, Orientierungsfähigkeit und Reaktionsfähigkeit ab. Durch ein regelmäßiges Stabilisations- und Balancetraining kann man koordinativen Fähigkeiten erhalten und verbessern. Grundsätzlich lässt sich das sogenannte propriozeptive Training als Sport-Einheit auf instabilen Böden bezeichnen. In dem Zusammenhang bedeutet das Wort „Propriozeption" übersetzt Vorausahnung und weist darauf hin, unter welchem Gesichtspunkt diese Fitnessform ausgeübt wird. So soll das Training die Ausgleichsbewegungen des Körpers unterstützen und den Gleichgewichtssinn optimieren. Das Zentrum bildet die Rezeptoren und deren komplexes Zusammenspiel mit verschiedenen Muskeln. Bereits seit Generationen hat die Propriozeption in dem Leistungssport, speziell in Mannschaftssportarten einen festen Platz und wird vor jedem Training absolviert. Mittlerweile konnte sich das Verfahren allerdings ebenfalls im privaten Bereich etablieren, sodass es zu dem Angebot in Fitnessstudios oder dem Personaltraining zählt. Dies beruht auf den vielen positiven Effekten, die sich aus dem propriozeptiven Training ergeben und der umfangreichen Gruppe an Personen, die jenes betreiben könnten. Ausschlaggebend für den Erfolg ist aber ebenso das Prinzip, welches sich hinter einem wirkungsvollen propriozeptiven Training verbirgt. Der Fokus bei dem propriozeptiven Training liegt auf der propriozeptiven Wahrnehmung. Das bedeutet, der Organismus des Menschen ist darauf ausgerichtet, verschiedene Reize aus dem Inneren zu erfassen und diese an den Bewegungsapparat weiterzuleiten. Ein solcher Vorgang lässt sich vereinfacht als Aufnahme- und Verarbeitungsprozess betiteln. Für gewöhnlich geschieht er automatisch und läuft im Unterbewusstsein des Menschen ab. Deshalb wissen viele Personen nicht, welchen Einfluss die propriozeptive Wahrnehmung auf die Mobilität haben kann. Insofern jemand zum Beispiel stolpert, sorgt Letztere dafür, dass der Körper den drohenden Fall abfängt, gegensteuert und den Bewegungsapparat schnell wieder ins Gleichgewicht bringt. Was oftmals als selbstverständlich erscheint, ist folglich das Resultat einer engen Zusammenarbeit mehrerer Bewegungsabläufe und Körperteile. Jene propriozeptive Wahrnehmung von der Position und der Bewegung des Menschen in einem Raum oder seiner Einzelteile zueinander geschieht mittels der Rezeptoren. Sie befinden sich in den Gelenken, der Muskulatur, dem Bindegewebe, den Bändern sowie Sehnen und nehmen den betreffenden Reiz wahr, um ihn an eines der Verarbeitungszentren zu übermitteln. In Bezug auf die Propriozeption kommt es besonders auf die richtigen Übungen an, denn es gibt ein breit gefächertes Angebot an sportlicher Betätigung, die ein solches Training unterstützt. Einige der beliebtesten Gerätschaften sind:

- das Wackelbrett,
- ein Trampolin,
- Aerostepp,
- das Balanceboard,
- Schaumstoff- oder Weichbodenmatten.

2.0 Individuelle Trainingsplan (1 Fallbeispiel)

2.1 Allgemeine und biometrische Daten

Es wurden persönliche Angaben, Gesundheitszustand anamnestisch abgefragt

Alter 22 Jahre, Geschlecht Weiblich

Berufliche Tätigkeit: Studentin. Vorwiegend sitzende Tätigkeit? Im Beruf ja, im Alltag nicht

Biometrische Daten

Körpergröße 1.68 m

Körpergewicht 63 kg

Ihr BMI 22,3 - Normalgewicht.

Blutdruck 120 /85 mmHg

Ruheherzfrequenz 74 S/min.

Was ist der BMI: Der Body-Mass-Index, kurz BMI, ist die gebräuchlichste Formel zur Gewichtsberechnung. Er ergibt sich aus dem Verhältnis des Körpergewichts in Kilogramm und der Körpergröße in Metern zum Quadrat. Je nach Höhe des errechneten Werts unterscheidet die Deutsche Gesellschaft für Ernährung (DGE) für die Auswertung fünf Kategorien: Untergewicht, Normalgewicht, Übergewicht, extremes Übergewicht (Adipositas) und massive Adipositas.

$BMI = Körpergewicht : (Körpergröße)^2$

Blutdruck und Ruheherzfrequenz: der Blutdruck der Probandin nach Bewertung der WHO und der International Society of Hypertension ([IHS], 2006), befindet sich im normalen Bereich.

2.2 Persönliche Fragen / Motivation:

3 Kg Körperfett abnehmen und Figur formen.

Kraft verbessern, Rückenschmerzen vermindern

2.3 Krankheitsbild Skoliose:

Die Skoliose (griech. skolios = krumm) beschreibt eine Fehlstellung der Wirbelsäule, die durch deren seitliche Verbiegung und Drehung um die Längsachse gekennzeichnet ist. Sie zählt zu den häufigsten und am längsten bekannten orthopädischen Leiden.

Die Ursachen für die Ausbildung einer Skoliose sind vielfältig und reichen von angeborenen Fehlbildungen bis hin zu muskulären oder nervalen Schädigungen nach Unfällen oder bestimmten Erkrankungen. Die Verkrümmung führt zu einer Asymmetrie des Oberkörpers mit Schulterhochstand. Auf der einen Seite bildet sich ein Rippenbuckel und auf der

Gegenseite ein Rippental. Diese Fehlstellung nimmt vor allem während der Jugend bei verstärktem Körperwachstum immer mehr zu und führt gleichzeitig zu einer Versteifung, wenn nicht aktiv therapiert wird.

Die dauerhafte Fehlstellung der Wirbelsäule führt zu einer schnelleren Abnutzung, sodass Patienten mit Skoliose mit zunehmendem Lebensalter unter erheblichen Beschwerden leiden können. Die als Folge der Skoliose auftretende krankhafte Verkürzung des Rumpfes belastet die inneren Organe wie Herz, Lunge, Nieren, Magen und Darm.

Bei der körperlichen Untersuchung zeigt sich in der Regel eine deutliche seitliche Verbiegung der Wirbelsäule. Eine Skoliose liegt ab einer seitlichen Verkrümmung der Wirbelsäule von 10 Grad vor. Diese wird anhand des Cobb-Winkels gemessen, den der Rückenspezialist im Röntgenbild ablesen kann. Die Prognose bei frühzeitiger Therapie ist meist recht gut

Etwa 85 % aller Skoliosen sind noch unbekannten Ursprungs. Diese Form der Skoliose entsteht vor allem zu wachstumsintensiven Zeiten. Betroffen sind daher vor allem Kinder und Jugendliche. Die Wirbelkörper wachsen dabei in eine Richtung langsamer als in die andere. Durch dieses Fehlwachstum einzelner oder mehrerer Wirbelkörper kommt es zu deren Drehung (= Torsion), die wiederum eine Verdrehung (= Rotation) der gesamten Wirbelsäule hervorruft. Im Ergebnis ist die Wirbelsäule seitlich nach rechts oder links verbogen. Die idiopathische Skoliose verursacht in der Regel keine Schmerzen. Daher wird diese Form der Skoliose meist zufällig vor allem von den Eltern der betroffenen Kinder entdeckt. Mädchen sind etwa viermal so häufig betroffen wie Jungs.

Man unterscheidet zwischen drei Arten:

- **Idiopathische Skoliose:** Bei der idiopathischen Skoliose handelt es sich um eine Wachstumsstörung der Wirbelsäule, die meistens während des Wachstumsschubes in der Pubertät erstmalig auftritt.

- **Kongenitale Skoliose:** Die kongenitale Skoliose ist die Folge von angeborenen Knochenfehlbildungen, wie z.B. Halswirbeln, Knochenspangen zwischen den Wirbeln oder anderem. Sie fällt meist schon im Kleinkindesalter auf.

- **Neuromuskuläre Skoliose:** Eine neuromuskuläre Skoliose entsteht in Folge einer Erkrankung der Muskeln oder des Nervensystems, wie z.B. Querschnittlähmung, Spastik oder krankhafter Muskelschwäche.

2.4 Therapie und Behandlung einer Skoliose:

Bleibt eine Skoliose, egal welchen Typus, unbehandelt, können die Folgen die Beweglichkeit und Lebensqualität erheblich einschränken.

Bei Krümmungen über 40-50° besteht die Gefahr, dass diese auch nach Wachstumsabschluss noch zunimmt, weshalb sie zumindest regelmäßig beobachtet werden müssen. Bei Krümmungen der Brustwirbelsäule von mehr als 70° kommt es auf Dauer zu einer Einschränkung der Lungen- und Herzfunktion. Tritt die Krümmung schon im Kindesalter auf, kann die Lunge sich nicht richtig entwickeln und das später auch nicht mehr nachholen. Werden Gelenke und Bandscheiben in der Lendenwirbelsäule schräg und unphysiologisch beziehungsweise unnatürlich belastet, führt dies in der Regel zu einem vermehrten Verschleiß. Dieser tritt gar nicht zwingend im Bereich der Krümmung, sondern sehr häufig in den darunterliegenden Bereichen auf. Daher kann es notwendig sein, eine Krümmung der Brustwirbelsäule zu korrigieren, damit die Lendenwirbelsäule auf Dauer keinen Schaden, durch ebendiese unsymmetrische Belastung, nimmt.

Ausgehend vom Grad der Verkrümmung und dem erwarteten Wachstum sind das Korsett, die regelmäßige Beobachtung, Physiotherapie und die Operation Therapieoptionen. (Quelle 4)

2.5 Krafttestung

Testwahl

„Weder die Einstufung der Sportler hinsichtlich Trainingsalter noch die Empfehlungen zur Belastungsgestaltung über das ILB-Grobraster basieren auf wissenschaftlichen Befunden, sondern ausschließlich auf Erfahrungswissen von Krafttrainingspragmatikern." (Eifler, 2013, S. 76) Für den gelenkschonenden ILB-Test nach Eifler (2013) gibt es keine Evidenz, dennoch wurde dieser auf Grund langjähriger Praxiserfahrung des Trainers mit der Kundin durchgeführt. Die Wiederholungszahlen der einzelnen Übungen der Testreihe sind mit denen der einzelnen Zyklen identisch. Tageszeitabhängige Leistungskurven können 5/15 Ergebnisse verfälschen, da die Kundin jedoch stets zur selben Zeit trainiert, konnte der Zeitpunkt der Tests der späteren Trainingszeit angepasst werden.

Testablauf nach Eifler (2013, S. 110) mit 20 Wiederholungen

Zuerst wurde die zur Erreichung der Zielsetzung erforderliche Wiederholungszahl auf20 festgelegt. Nach dem fünfminütigen, allgemeinen Aufwärmen bei 60% des theoretischen Herzfrequenzmaximums (HFmax) und den spezifischen Aufwärmsätzen wurde zu jeder Übung ein Gewichtstest mit der festgelegten Wiederholungszahl, in maximal drei Testläufen, mit je drei Minuten Pause dazwischen durchgeführt. Es wurde darauf geachtet, dass die korrekte Bewegungsausführung und das Bewegungstempo eingehalten wurden. Das Gewicht wurde von der Trainerin eingeschätzt und die Testergebnisse in die Trainingsplanung eingetragen.

Ergebnisse der Testreihe nach Eifler (2013) mit der ILB-Methode für die Kundin

Testlauf 1.	Testlauf 1	Testlauf 2	Testlauf 3	Ergebnis für Woche 1 in kg, (50% ILB)
Aufrechtes Rudern	10 kg; 13 Wdh	5kg 20 Wdh	7,5 kg 20 Wdh	4
Latzug br. Obergriff	30 kg; 16 Wdh	25kg 20 Wdh	-----	12,5
Rudermaschine Br. Untergriff	10 kg; 25 Wdh	15 kg 20 Wdh	-------	7,5
Hyperextensions Maschine	20 kg; 14 Wdh	15kg 16 Wdh	10kg 20 Wdh	5
Plank	2 min	100 sec	2 min	90 sec
Seitliche Plank	90sec rechts 90 sec links	80sec rechts 80 sec links	90sec rechts 90 sec links	75 sec
Kurzhantelrudern Schrägbank	10 kg; 13 Wdh	5kg 20 Wdh	7,5 kg 20 Wdh	4

Kontrolle der Leistungsentwicklung

Nach jedem Zyklus wird der Test unter möglichst gleichen Umständen wiederholt. Die Differenz der Ergebnisse stellt den Trainingserfolg in Bezug auf Kraftsteigerung dar und kann mit den Zielewerten verglichen und bewertet werden, um weiterhin individuell und zielgerichtet zu planen.

2.6 Zielsetzung/Prognose

Die Gewichtsreduktion (Körperfettreduktion) um 3 kg in zweieinhalb Monaten kommt einerseits dem Ziel der Kundin nach, gut auszusehen und ihre Rückenschmerzen durch ihre Skoliose zu verbessern. Die Steigerung der Kraft ist der Kundin wichtig um ihren Alltag zu meistern, Schmerzen zu vermindern und ihre Hobbies länger ausführen zu können. Die Muskelhypertrophie als Anpassung des Weiteren Zyklusverlaufs trägt zur optischen Körperformung und Straffung bei. Die Ziele der Kundin sind die persönlichen Voraussetzungen und den zeitlichen Rahmen betreffend realistisch.

2.7 Trainingsdurchführung

Trainingsparameter	Mesozyklus 1	Mesozyklus 2	Mesozyklus 3	Mesozyklus 4	Mesozyklus 5	Mesozyklus 6
Dauer	4 Wochen	4 Wochen	4 Wochen	4 Wochen	4 Wochen	4 Wochen
Methode	Hypertrophie Training Fortgeschrittene	Hypertrophie Training Fortgeschrittene	Maximalkrafttraining	Hypertrophie Training Fortgeschrittene	Hypertrophie Training Fortgeschrittene	Maximalkrafttraining
Wiederholungen	8 - 15	6 - 9	1 - 6	8 - 15	6 - 9	1 - 6
Intensität	60 - 80%	70 - 80 %	80 - 100 %	60 - 80%	70 - 80 %	80 - 100 %
Sätze	3 - 5	3 - 5	4 - 8	3 - 5	3 - 5	4 - 8
Training pro Woche	2 - 3	2 - 3	2	2 - 3	2 - 3	2
Anzahl der Übungen	7	7	7	7	7	7

2.7.1 Aufwärmen

Crosstrainer 15 Minuten,

Ich beobachte die Kundin auf dem Crosstrainer um zu sehen, ob die Bewegungen ordentlich ausgeführt werden oder gar Fehler dabei gemacht werden, um diese gegebenenfalls zu korrigieren. Dabei achte ich auch auf Ihre Haltung und kann ihr das erste positive Feedback geben. Im Anschluss gehen wir gemeinsam ihren Trainingsplan durch. Ich händige der Kundin den ersten Plan des Mesozyklus 1 aus. Zu jeder Übung erkläre ich ihr wie die Übung heißt, wofür diese Übung gut ist und welche Muskeln diese Übung ansprechen soll. Fachbegriffe werden hierbei vermieden, so dass sie alles versteht. Ich fordere sie auf, mir zu sagen, wenn sie etwas nicht versteht oder Fragen dazu hat. Ich führe jede Übung vor und erkläre, wobei es hier im Wesentlichen ankommt. Dabei gehe ich auch auf die Atmung und die Bewegungsgeschwindigkeit ein. Danach lasse ich die Kundin die Übungen selbst machen und greife, wenn nötig korrigierend ein. Wichtig ist dabei auch ein Lob auszusprechen, wenn sie eine Ausführung gut macht. Nach jeder Übung frage ich Nikita ob sie sich mit dieser Übung wohl fühl

2.7.2 Übungsauswahl

1. Aufrechtes Rudern (Trapezmuskel)

Diese Abbildung wurde aus urheberrechtlichen Gründen von der Redaktion entfernt

Angesprochene Muskeln:

- Kapuzenmuskel (musculus trapezius)
- Deltamuskel (musculus deltoideus)
- Bizeps (musculus biceps brachii)
- Armbeuger (musculus brachialis)

Die oberen Muskelfasern von der Trapezmuskel im Nacken und die seitliche Schulter trainieren wir absolut vorrangig. Als zweites stärken wir die vorderen und hinteren Schultermuskeln, sowie den mittleren und unteren Trapezmuskel Bereich. Die Nebenzielmuskeln sind der vordere Sägemuskel unterhalb der seitlichen Brust, sowie die Armmuskeln Bizeps, Brachialis und Oberarmspeichenmuskel.

Bewegungsablauf:

Die Startposition

Ergreife zwei Kurzhanteln im Obergriff und stell dich im schulterbreiten Stand auf. Dein Oberkörper ist dabei gerade, achte auf die Spannung in deinem Bauch und unteren Rücken. Halte die Kurzhanteln vor deinem Körper. Achte darauf, dass deine Arme nicht komplett durchgestreckt sind, sondern ganz leicht angewinkelt, um deine Ellenbogengelenke zu schonen. Dein Blick zeigt nach vorn. Atme tief ein.

Die Aufwärtsbewegung

Ziehe nun beide Ellenbogen in einer Art Halbkreisbewegung diagonal nach oben. Dabei bewegen sich deine Ellenbogen weder vor noch hinter deinen Körper, sondern bleiben auf einer Linie mit den Schultern. Die Endposition ist erreicht, wenn beide Ellenbogen bis auf Schulterhöhe hochgezogen wurden. Halte diese Position für einen Augenblick und spanne deine Schultern an, bevor du die Hanteln wieder langsam absenkst. Während der Aufwärtsbewegung wird ausgeatmet. Achte während der gesamten Bewegung auf deine Körperspannung. Wie immer wird die Bewegung langsam und kontrolliert ausgeführt, es bringt dir nichts, die Hanteln nach oben zu schwingen.

Die Abwärtsbewegung

Senke die Hanteln genauso langsam wieder ab, wie du sie nach oben geführt hast. Wichtig ist, dass du deine Arme in der unteren Position nicht einfach nach unten hängen lässt, sondern sie leicht anwinkelst, wie in der Startposition. Dadurch stehen deine Arme, aber auch deine Schultern und dein Nacken, konstant unter Spannung und bekommen keine Zeit zum Verschnaufen.

2. Latzug breiter Obergriff

Der Name Lat-ziehen bedeutet ausgeschrieben Latissimus ziehen, weil wir unseren Breiten Rückenmuskel am meisten stärken. Außer dem Latissimus trainieren wir zweitrangig den oberen Rückenmuskel namens Trapezmuskel (Musculus Trapezius). Als Nebenzielmuskeln trainieren wir zum einen die hinteren Schultermuskeln und die kleinen Muskeln nahe den Schulterblättern. Zum anderen beanspruchen wir die Oberarmmuskeln Bizeps und Brachialis, sowie den Brachioradialis an der Oberseite der Unterarme.

Diese Abbildung wurde aus urheberrechtlichen Gründen von der Redaktion entfernt

Angesprochene Muskeln

-   Breiter Rückenmuskel (musculus latissimus dorsi)
-   Kapuzenmuskel (musculus trapezius)
-   Großer Rautenmuskel (musculus rhomboideus major)
-   Kleiner Rautenmuskel (musculus rhomboideus minor)
-   Großer Rundmuskel (musculus teres major)
-   Bizeps (musculus biceps brachii)

Bewegungsablauf:

Die Startposition

Bestücke das Kabel mit der Latzugstange und ergreife sie im breiten Obergriff. Setz dich anschließend mit dem Gesicht zum Zugturm auf die Sitzfläche und klemm deine Oberschenkel unter das dafür vorgesehene Polster, so dass du festsitzt und nicht vom Gewicht nach oben gezogen werden kannst. Winkel deine Arme leicht an, streck deinen Rücken und halte ihn im leichten Hohlkreuz. Lehne dich ein klein wenig zurück und hol tief Luft. Dein Gesicht zeigt nach vorn.

Die Abwärtsbewegung

Atme nun aus und zieh die Stange langsam und kontrolliert in Richtung deiner Brust. Wichtig: Bewege das Gewicht ausschließlich mit der Kraft deiner Rückenmuskulatur und deiner Arme, erleichtere dir die Bewegung nicht dadurch, dass du deinen gesamten Oberkörper nach hinten lehnst! Du solltest bei der Abwärtsbewegung merken, wie der gesamte obere Teil deines Rückens unter Spannung steht. Die Endposition ist erreicht, wenn die Stange deinen Körper oberhalb deiner Brust berührt.

Die Aufwärtsbewegung

Beginne nun langsam mit der Aufwärtsbewegung. Arbeite dabei konstant gegen den Zug des Kabels, lass die Gewichte auf keinen Fall von selbst heruntersausen. Erstens besteht so die Gefahr von Verletzungen und zweitens trainierst du deine Muskeln auch während der Aufwärtsbewegung. Du kannst das Gewicht soweit absenken, bis es wieder aufliegt oder es kurz vorher stoppen und mit der nächsten Wiederholung beginnen – in beiden Fällen solltest du die Spannung in deinem Körper bewahren.

3. Rudern Gerät breiter Untergriff

Diese Abbildung wurde aus urheberrechtlichen Gründen von der Redaktion entfernt

Angesprochene Muskeln

- Breiter Rückenmuskel (musculus latissimus dorsi)
- Deltamuskel (musculus deltoideus)
- Kapuzenmuskel (musculus trapezius)
- Großer Rautenmuskel (musculus rhomboideus major)
- Kleiner Rautenmuskel (musculus rhomboideus minor)
- Untergrätenmuskel (musculus infraspinatus)
- Bizeps (musculus biceps brachii)

Armbeuger (musculus brachialis) Zu den wichtigsten Rudern Muskelgruppen gehören vor allem der Latissimus (Musculus latissimus dorsi) und der Trapezmuskel (Musculus trapezius). Unterstützend beanspruchen wir die hintere Schulter, sowie die Muskeln rund um das Schulterblatt.

Bewegungsablauf:

Die Startposition

Stelle dir zu Beginn die Position des Brustpolsters derart ein, dass du im Sitzen die Griffe der Maschine gerade so mit deinen Händen erreichst. Setz dich nun aufrecht auf das Sitzpolster und presse mit geradem Rücken deine Brust gegen das Brustpolster. Deine Beine stehen breit auseinander, die Füße fest auf dem Boden um Stabilität zu schaffen. ergreife nun die Griffe der Maschine und spanne deine Rückenmuskulatur an. Es existieren zwei verschiedene Grifftechniken, die sich je nach Bauart der Maschine unterscheiden können. Der breite Griff zielt vor allem auf den oberen und mittleren Rücken ab und trainiert die „Tiefe" der Muskulatur. Der enge Griff trainiert vornehmlich den Latissimus. Die meisten Rudermaschinen bieten heute beide Griffe. Achte darauf, dass deine Arme nicht gänzlich durchgestreckt sind, um deine Ellenbogen zu schonen, und dass der Gewichtschlitten der Maschine nicht am unteren Ende aufliegt, so dass deine Muskeln die gesamte Zeit über angespannt sind. Atme vor der ersten Wiederholung tief ein.

Die Zugbewegung

Atme druckvoll aus und ziehe die Griffe auf Brusthöhe heran. Dein Rücken bleibt dabei gerade und dein Gesäß auf dem Sitzpolster! Bei breiter Ausführung im klassischen Obergriff, bei dem deine Handflächen nach unten zeigen, führst du die Ellenbogen nicht eng am Körper entlang, sondern breitest deine Oberarme wie Flügel aus, so dass Ellenbogen, Oberarme und Schultern fast eine Linie bilden. Auch hier kann soweit in Richtung Brust gezogen werden, bis die Schulterblätter sich berühren.

Absenken des Gewichts

Atme ein und senke das Gewicht langsam wieder ab, indem du deine Arme zurück nach vorn bringst. Lass dich dabei nicht vom Gewicht zurückziehen, sondern senke es kontrolliert ab, denn auch in diesem negativen Teil der Bewegung trainierst du deine Muskulatur. Bei unkontrolliertem Absenken können zudem Verletzungen wie Muskelrisse entstehen. Lass das Gewicht nicht so weit herunter, dass es auf dem Stapel aufliegt, sondern halte deine Rückenmuskulatur konstant unter Spannung.

4. Hyperextensions Maschine

Diese Abbildung wurde aus urheberrechtlichen Gründen von der Redaktion entfernt

Angesprochene Muskeln

- Rückenstrecker (musculus erector spinae)
- Großer Gesäßmuskel (musculus gluteus maximus)
- Die Rückenstrecker Übungen sind ein Training für die untere Rückenmuskulatur. Der Rückenstrecker wird auch als „Aufrichter der Wirbelsäule" bezeichnet, befindet sich aber wie gesagt hauptsächlich im unteren Rückenbereich. Diese Übung betont ausschließlich den kompletten Rückenstrecker.

Bewegungsablauf:

Auf einer Maschine sitzend, wird das hintere Rollpolster auf Nackenhöhe in vorgebeugter Stellung angebracht. Richte den Oberkörper komplett auf und strecke den Rücken. In der hintersten Position sollte das Gewicht kurz gehalten werden und anschließend in die vorgebeugte Ausgangssituation gebracht werden.

5. Unterarmstütz: Frontal

Im Gegensatz zum High Plank, bei dem die Arme gestreckt sind, verharrst du beim Low Plank auf den Unterarmen. Die Ellbogen befinden sich lotrecht unter den Schultern. Wichtig: nicht durchhängen (Hohlkreuz vermeiden), aber auch nicht im extremen Rundrücken planken. Spanne deine Bauchmuskeln während der Dauer der Übung ganz bewusst an. Zielmuskel: Vor allem die untere Rückenmuskulatur und die geraden Bauchmuskeln

Diese Abbildung wurde aus urheberrechtlichen Gründen von der Redaktion entfernt

Angesprochene Muskeln

- Gerader Bauchmuskel (musculus rectus abdominis)
- Pyramidenförmiger Muskel (musculus pyramidalis)
- Seitliche Bauchmuskeln (musculus obliquus abdominis)

Bewegungsablauf:

Diese Unterarmstütz-Übung (auch Plank genannt) wird grundsätzlich statt Bewegung mit Halten ausgeführt. Schaue, dass dein Oberkörper, dein Gesäß und deine Beine waagerecht sind und nicht durchhängen.

Bei dieser Kräftigungsübung ist nahezu der ganze Körper unter Anspannung. Du merkst richtig, wie die ganzen Muskeln am Körper beansprucht werden.

6. Unterarmstütz: Seitlich

Diese Abbildung wurde aus urheberrechtlichen Gründen von der Redaktion entfernt

Angesprochene Muskeln

Vor allem die seitlichen Bauchmuskeln. Aber immer nur jeweils die Seite, die nahe am Boden ist.

Bewegungsablauf:

Diese Übung ist eine Halte-Übung ohne Bewegung.

Achte darauf, dass du rutschfeste Schuhe an hast und dass der Boden ebenfalls nicht rutschanfällig ist. Notfalls kannst du die Füße auch leicht an eine Wand anlehnen.

7. Kurzhantelrudern Schrägbank

Diese Abbildung wurde aus urheberrechtlichen Gründen von der Redaktion entfernt

Angesprochene Muskeln

- Breiter Rückenmuskel (musculus latissimus dorsi)
- Hinterer Teil des Deltamuskels (musculus deltoideus pars clavicularis)
- Kapuzenmuskel (musculus trapezius)
- Großer Rautenmuskel (musculus rhomboideus major)
- Kleiner Rautenmuskel (musculus rhomboideus minor)
- Untergrätenmuskel (musculus infraspinatus)
- Bizeps (musculus biceps brachii)
- Armbeuger (musculus brachialis)

Bewegungsablauf:

Stelle den Neigungswinkel der Schrägbank auf etwa 45-Grad ein. Anschließend winkelst Du auch den Sitz nach oben an, sodass Du bei der Durchführung idealen Halt hast. Nimm nun zwei Kurzhanteln im neutralen Hammergriff zur Hand und lege Dich mit dem Bauch voran auf die Lehne der Schrägbank. Die Hanteln hängen senkrecht an Deinen Armen herunter. Winkle Deine Arme nun so an, dass Deine Oberarme parallel zum Boden sind und sich zwischen Ober- und Unterarm ein 90-Grad-Winkel befindet. Sorge anschließend dafür, dass zwischen Oberarm und Oberkörper ein 45-Grad-Winkel entsteht. Senke die Kurzhanteln aus dieser Position ab, bis Deine Arme fast vollständig gestreckt sind. Hebe die Gewichte im Anschluss langsam wieder an. Versuche die Hanteln so weit nach oben zu ziehen, bis Deine Schulterblätter keine weitere Aufwärtsbewegung mehr zulassen.

2.7.3 Begründung der Übungsauswahl

Die Übungen im ersten Zyklus wurden für die unerfahrene Kundin hauptsächlich an geführten Maschinen gewählt, um Haltungs-, und Ausführungsfehler sowie Verletzungen zu vermeiden. Die Kundin kann sich so besser auf die Arbeit mit dem Gewicht und die Übungsausführung (Atmung und Tempo etc.) konzentrieren. Mehrgelenkige und koordinativ anspruchsvollere Übungen, und solche mit einer grösseren Muskelbeteiligung, sollen vor eingelenkigen Übungen absolviert werden (Bompa & Carrera, 2005, S.69). Im weiteren Verlauf des Makrozyklus können und sollen je nach Fortschritt komplexere Übungen mit freien Gewichten oder am Kabelzug hinzugezogen werden, denn das Training an Maschinen kann nicht die Vorteile, welche komplexe Ganzkörperübungen mit sich bringen, ersetzen (Hegner, 2012, S.158).Bei der Übungsauswahl wurde auf Grund der beschriebenen Alltagsbelastung und der sporadischen Rückenschmerzen der Kundin, auch auf die Stabilisation der Hüfte und die Stärkung des Rumpfs Wert gelegt. Die einzelnen Übungen sollen Muskelgruppen des gesamten Körpers abdecken, welche für den Alltag der Kundin wichtig sind und die inter- und intramuskuläre Koordination auf komplexere Übungen und Ausführungen vorbereiten. Eine gute Körperhaltung und ein verbessertes Körpergefühl werden angestrebt.

2.8 Ziele und Inhalte der Analyse

Die Analyse ist ein wiederholter Test, wie der den wir zum Anfang gemacht haben. Dort schauen wir, was sich in was für einem Ausmaß verbessert hat, und ob die Haupt- und Teilziele erreicht wurden.

Um den Test so genau wie möglich zu absolvieren sollten die Bedingungen wie bei der ersten Testung sein:

- Wochentag
- Uhrzeit
- Berufliche bzw. soziale Belastungen vor dem Test-Ausgangskriterien der Eingangs- und Re-Tests.

3.0 Individuelle Trainingsplan (2 Fallbeispiel)

3.1 Allgemeine und biometrische Daten

Es wurden Persönliche Angaben, Gesundheitszustand anamnestisch abgefragt

Alter 49 Jahre, Geschlecht Weiblich

Berufliche Tätigkeit: Kassiererin im Einzelhandel. Im Beruf und in Freizeit vorwiegend sitzende Tätigkeit.

Körpergröße	1.67 m
Körpergewicht	93 kg
Body-Mass-Index	>33
Blutdruck	135/85 mmHg
Ruheherzfrequenz	74 S/min

Bissherige Trainingserfahrung in einem Fitness Center?

- Wenig

Andere Sportarten?

- Hobbies

Einschätzung der persönlichen Fitness von 1 (sehr schlecht) bis 5 (sehr gut)?

- Mittelmäßig

Trainingsmotivation?

- Rückenschmerzen vermindern

Persönliches Trainingsziel?

- An Lebensqualität gewinnen durch weniger schmerzen und ein gesunderes Gewicht erreichen.

Zeitvorstellungen und Häufigkeit des Trainings?

- Auf Grund der familiären Situation 2 x pro Woche

BMI

Körpergewicht in Kilogramm / (Körpergröße m2) = BMI.

Anhand der Daten der Kundin ergibt sich somit folgender BMI 93 kg / (1.672) = 33.

Die Kundin ist demzufolge als adipös einzustufen. Ihr BMI weist auf Übergewicht hin. Das birgt die Gefahr von Krankheiten wie etwa Diabetes. Um eine bessere Einschätzung zum Gewicht abgeben zu können, muss neben dem Gewicht und der Körpergröße auch das Alter berücksichtigt werden. Das Alter ist relevant, da sich das Normalgewicht mit dem Älterwerden verschiebt. Etwa ab 40 Jahren verändern sich der Stoffwechsel und die Körperzusammensetzung. Die Folge: Menschen nehmen ganz natürlich an Gewicht zu, das Normalgewicht verschiebt sich also und damit der empfohlene BMI. Allerdings kann das Körpergewicht mit fortschreitendem Alter auch wieder sinken, denn ältere Menschen bauen verstärkt an Muskelmasse ab, die schwerer ist als Fett. Das führt zu einem geringeren Gewicht, sodass der BMI bei älteren Normalgewichtigen fälschlicherweise auf Untergewicht hindeuten kann.

Blutdruck und Ruheherzfrequenz:

Der Blutdruck der Kundin nach Bewertung der WHO und der International Society of Hypertension ([IHS], 2006), im hochnormalen Bereich befindet. Obwohl dieser Wert erfahrungsgemäß kein Problem für ein gesundheitsorientiertes Fitnesstraining darstellt, werden im Trainingsplan die Grundsätze beim Krafttraining mit Hypertonikern nach Graves & Franklin (2001, S. 246-249) berücksichtig.

Ein Ruhepuls von 60-80 Schläge/Minute wird in der Praxis als unproblematischer Durchschnittswert angesehen. Der Wert der Kundin befindet sich im oberen Bereich. Bei regelmäßigem, gesundheitsorientiertem Training, gehört eine Senkung des Ruhe- Pulses, sowie des systolischen und diastolischen Blutdrucks zu den Anpassungseffekten, auch in Verbindung mit Gewichtsabnahme bei Übergewicht.

3.2 Krankheitsbild Bandscheibenvorfall L5/ S1

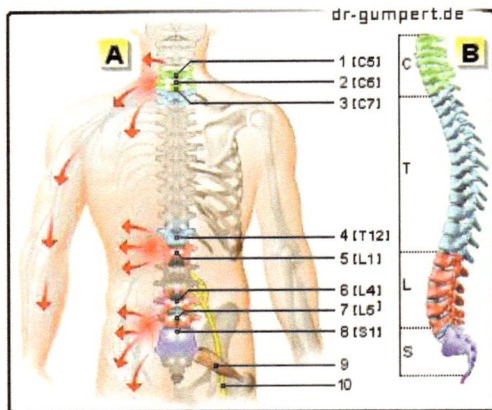

Bandscheibenvorfall Symptome

1.   Fünfter Halswirbel

2.   Sechster Halswirbel

3.   Siebenter Halswirbel -
*Vertebra prominens*a

4.   Zwölfter Brustwirbel -
Vertebra thoracica XII

5.   Erster Lendenwirbel -
Vertebra lumbalis I

6.   Vierter Lendenwirbel -
Vertebra lumbalis IV

7. Fünfter Lendenwirbel -
   Vertebra lumbalis V

8. Fünf Kreuzbeinwirbeln
   (verschmolzen)

9. Birnförmiger Muskel -
   Musculus piriformis

10. Ischiasnerv -
    Nervus ischiadicus

11. **Abschnitte der Wirbelsäule:**

   C - Halsbereich (zervikal)
   T - Brustbereich (thorakal)
   L - Lendenbereich (lumbal)
   S - Kreuzbeinbereich (sakral

(Quelle 6)

Der Bandscheibenvorfall (lat. Prolapsus nuclei pulposi, auch Bandscheibenprolaps (BSP), Discushernie, Discusprolaps) ist eine Erkrankung der Wirbelsäule, bei der Teile der Bandscheibe in den Wirbelkanal – den Raum, in dem das Rückenmark liegt vortreten. Im Gegensatz zur Bandscheibenprotrusion (Vorwölbung) wird beim Prolaps der Faserknorpelring der Bandscheibe (Anulus fibrosus) ganz oder teilweise durchgerissen, während das hintere Längsband (Ligamentum longitudinale posterius) intakt bleiben kann (sogenannter subligamentärer Bandscheibenvorfall). Die Ursache ist oft eine Überlastung bei Vorschädigung der Bandscheiben, ein Bandscheibenvorfall kann aber auch ohne äußeren Anlass auftreten. Symptome des Bandscheibenvorfalls sind starke, häufig in die Extremitäten ausstrahlende Schmerzen, oft mit einem Taubheitsgefühl im Versorgungsgebiet der eingeklemmten Nervenwurzel, gelegentlich auch Lähmungserscheinungen. Eine Behandlung ist meistens konservativ möglich, schwere Vorfälle müssen operativ behandelt werden.

Ursachen

Das vorgefallene Bandscheibengewebe, praktisch immer Anteile der Faserknorpelringe, die um den sogenannten Gallertkern herum konzentrisch angeordnet sind, drückt auf den Inhalt des Wirbelkanals und/oder die Nervenwurzel. 1 Rückenmark, 2 Dorsalwurzel, 3 Spinalganglion, 4 Ventralwurzel, 5 Spinalnerv, 6 + 7 Bandscheibe: 6 Faserring, 7 Degenerierter Gallertkern, dazwischen die Knorpelringe, 8 Wirbelkörper

Bandscheiben sind bradytrophe Gewebe, das heißt, sie werden nicht direkt aus dem Blutkreislauf heraus mit Nährstoffen versorgt, sondern durch Diffusion. Hierbei spielen semipermeable Membranen, welche die Knorpelringe voneinander trennen, die entscheidende Rolle. Durch Scherkräfte können diese Membranen einreißen, wodurch sie ihre Funktion verlieren und die Bandscheibe nebst Gallertkern der Bandscheibe (Nucleus pulposus) austrocknet (black disc lesion). Wenn es zu einem Bandscheibenvorfall kommt, ist der Gallertkern praktisch nicht mehr in seiner ursprünglichen Form vorhanden. Der Bandscheibenvorfall entsteht also zumeist auf dem Boden einer langjährigen Vorschädigung der Bandscheibe. Der Gallertkern (ca. 80 % Wasser) besteht bei der gesunden Bandscheibe aus einem gallertigen, zellarmen Gewebe und übernimmt bei Belastung zusammen mit den Knorpelringen und den Membranen die Funktion einer hydraulischen Kugel („Wasserkissen"). Die Wirbelkörper und Bandscheiben vorne ermöglichen zusammen mit den kleinen Wirbelgelenken hinten („Facettengelenke") die hohe Beweglichkeit der gesamten Wirbelsäule und ihre hohe Stabilität.

Die menschliche Wirbelsäule hat 23 Bandscheiben. Zwischen dem ersten Wirbel (lat. Atlas) – von oben gezählt – und dem zweiten Wirbel (Axis) ist keine Bandscheibe ausgebildet. Damit wird dem Kopf beim Nicken (Atlas) und Drehen (Axis) die erforderliche Bewegungsfreiheit gegeben. Außerdem konzentrieren sich dort wesentliche Nervenstränge und die Blutversorgung zum Kopf.

Es gibt verschiedene Ursachen für einen Bandscheibenvorfall: genetische Schwächen, einseitige Belastungen oder eine Schwäche der paravertebralen, also der neben den Wirbeln gelegenen Muskulatur. Die ausschließliche unfall- oder verletzungsbedingte Schädigung der Bandscheibe ist bislang nicht als Ursache nachgewiesen – die widersprechenden Argumentationen werden von Berufsgenossenschaften und Sozialgerichten höchst selten anerkannt. Gesundes Bandscheibengewebe soll nach gängiger Meinung, wenn überhaupt, mit einem Stück Knochen zusammen aus dem Wirbelkörper ausreißen. Häufig tritt ein Bandscheibenvorfall auch während einer Schwangerschaft auf. Es gibt viele alte Menschen von über 90 Jahren, die in ihrem arbeitsreichen Leben niemals Beschwerden an der Wirbelsäule beziehungsweise den Bandscheiben hatten. Dagegen gibt es Kinder, die schon einen Bandscheibenvorfall erleiden mussten. Mögliche Ursachen für den rasanten Anstieg von Bandscheibenvorfällen in der heutigen Zeit sind Bewegungsmangel und Fehlhaltungen, vor allem bei Büroarbeiten. In einigen Studien konnte ein erhöhtes Risiko bei Übergewicht nach Body-Mass-Index gegenüber Bandscheibenveränderungen festgestellt werden. In einer finnischen Studie zeigte sich ein 2-fach erhöhtes Risiko einer stationären Behandlung von Bandscheibenerkrankungen bereits bei einem BMI > 27,5 kg/m². Das durchschnittliche Erkrankungsalter liegt bei 40 Jahren, die am häufigsten betroffenen Wirbel liegen im Lendenwirbelbereich (lumbal). Weniger häufig betroffen sind Halswirbel (zervikal) und nur sehr selten die Brustwirbel (thorakal). Das Verhältnis ist etwa 100 zu 10 zu 1.

Viele Bandscheibenvorfälle sind symptomlos und bedürfen dann keiner Behandlung. Bei alten gesunden Patienten werden z. B. in über 60 % der Fälle Bandscheibenvorfälle als Zufallsbefund festgestellt. Es ist daher wichtig, vor einer Therapie festzustellen, ob sich die Beschwerden des Patienten durch die betroffene Bandscheibe erklären lassen. Typischerweise verursachen Bandscheibenvorfälle Rückenschmerzen (Lumbalgie) mit oder ohne Ausstrahlung in die Beine (Ischialgie) oder in die Arme (Brachialgie). Je nach Schwere der Symptomatik kann es dann auch zu einem Taubheitsgefühl oder zu einem Muskelausfall im Versorgungsgebiet der eingeklemmten Nervenwurzel kommen. Ein Bandscheibenvorfall kann zu einem positiven Lasègue-Zeichen und Kernig-Zeichen führen. In Extremfällen kann es zu einem Querschnittsyndrom kommen, dadurch können z. B. eine Stuhl- und/oder eine Harninkontinenz sowie eine Reithosenanästhesie auftreten.

Behandlung

Bei erhaltener Beweglichkeit wird empfohlen, so schnell wie möglich zu normalen Aktivitäten zurückzukehren. Eine Bettruhe ist nicht empfehlenswert, da hierfür kein Therapieeffekt nachgewiesen wurde.

Bei fehlender Beweglichkeit sollte frühzeitig eine effektive medikamentöse Schmerztherapie durchgeführt werden. Eine Einweisung ins Krankenhaus sollte bei Red Flags Symptome, ambulant nicht beherrschbaren Schmerzen und zunehmenden neurologischen Ausfällen erfolgen. Wärmetherapie, Massagen mit Bewegungstherapie, Elektrotherapie, Bindegewebsmassagen können im Einzelfall die Beschwerden lindern. Der Nutzen lässt sich aber z. T. nicht wissenschaftlich belegen. Eine Manuelle Medizin (Chiropraktik, spinale Manipulationen) ist bei ausstrahlenden Schmerzen kontraindiziert. Bei akuten nicht ausstrahlenden Schmerzen kann die Therapie innerhalb der ersten 4–6 Wochen hilfreich sein.

Krankengymnastik (Physiotherapie) ist bei chronischen. und subakuten Schmerzen hilfreich. Im akuten Stadium konnte bisher kein Nutzen nachgewiesen werden. Unter den vielen Therapie- und Diagnoseansätzen befinden sich auch die Feldenkrais-Methode, Alexander-Technik, Hatha-Yoga, das McKenzie-Konzept, die Spiraldynamik und die Akupunktur.

Bei Patienten, die an Rückenschmerzen mit Ausstrahlung ins Bein leiden, kann bei chronischen Beschwerden die sogenannte Rückenschule hilfreich sein.

Die Periradikuläre Therapie (PRT) ist ein Verfahren, bei der unter CT- oder Röntgen-Kontrolle Kortison an die betroffene Nervenwurzel gespritzt wird, die mindestens 2× durchgeführt werden sollte. In 67 % der Fälle kann damit bei einem Bandscheibenvorfall Schmerzfreiheit erreicht werden. In Deutschland wird die Untersuchung bei Kassenpatienten in der Regel nicht von der Krankenkasse bezahlt. Ggf. werden die Kosten übernommen, wenn ein Schmerztherapeut den Patienten zum Radiologen überweist.

Ein unblutiges Verfahren ist die Gelenkinnenhautverödung (Synoviorthese), bei der in das entzündete Gelenk Varicocid oder Osmiumtetroxydsäure eingespritzt wird. Bei älteren Patienten kommen hierzu statt dieser chemischen Stoffe eher radioaktive Isotope zum Einsatz. Des Weiteren besteht die Möglichkeit der enzymatischen Behandlung des Bandscheibenvorfalls durch Chemonukleolyse mittels Injektion des Enzyms Chymopapain, wodurch es zur Auflösung bzw. Volumenverminderung von vorgefallenem Bandscheibengewebe kommt (Quelle 8)

Operative Therapie

Wegen der hohen Komplikationsrate gilt eine strenge Indikationsstellung zur Operation. Eindeutige Indikationen zur Operation laut AWMF-Leitlinie sind:

- Cauda-equina-Syndrom mit akuter Paraparese bei ausgedehntem Bandscheibenvorfall oder bei einem Wirbelkörperbruch.
- Blasen- und Mastdarmlähmung
- Zunehmende oder akut aufgetretene schwere Muskelausfälle

Eine Operation kann als letzter Versuch durchgeführt werden, wenn alle nicht-operativen Verfahren versucht wurden und die Schmerzen sich trotzdem nicht aushalten lassen.

Komplikationen der Operation können u. a. sein:

- Häufig postoperative Narbenbildung, die z. B. die Nervenwurzel oder den Duralsack einklemmen kann.
- Häufig Reprolaps/Rezidiv
- Z. T. schwere Infektion ggf. mit Abszedierung
- Liquorleckage (Liquor cerebrospinalis) bei Verletzung der Dura, z. B. mit schweren Kopfschmerzen
- Die Rezidivrate bei der mikrochirurgischen OP liegt bei > 10 %.

Die Implantation künstlicher Bandscheiben zur Schmerztherapie wird (Stand 2005) kritisch bewertet.

Im Jahr 2013 hat der AOK-Krankenhausreport belegt, dass sich die Zahl der Bandscheibenoperationen zwischen 2005 und 2010 verdoppelt hat.

Die SPORT-Studie (SPORT = Spine Patient Outcomes Research Trial) kam zu dem Schluss, dass bei persistierender Ischialgie aufgrund eines Bandscheibenvorfalls die Operation auch noch nach 8 Jahren einen Vorteil gegenüber der konservativen Behandlung bringt. Wegen der schwierigen Zuteilung zu den verschiedenen Behandlungsgruppen und der Zusammenfassung einer Reihe von verschiedenen Studien zu einer großen Studie gibt es einigen Interpretationsspielraum.

Die am häufigsten durchgeführte Operationsmethode ist die Mikrodiskektomie, bei der das verrutschte Bandscheibengewebe durch einen 3–5 cm langen Schnitt über der Wirbelsäule entfernt wird. Sogenannte minimal-invasive Eingriffe und mikrochirurgische Verfahren, wie die Perkutane Laser-Diskus-Dekompression (PLDD), finden immer häufiger Anwendung, auch wenn die Resultate in klinischen Studien nicht besser sind. Argumentiert wird hingegen, dass der Zugang, d. h. die Narbe, kleiner ist und somit weniger traumatisierend sei. Zunehmend an Verbreitung gewinnt auch die endoskopische transforaminale Bandscheibenoperation.(Quelle 9)

Vorbeugung

Ergonomisches Sitzen

Diese Abbildung wurde aus urheberrechtlichen Gründen von der Redaktion entfernt

Da die sogenannte „Bindegewebsschwäche" als primäre Ursache erblich ist, lässt sich einem Bandscheibenvorfall nur bedingt durch Muskelaufbau vorbeugen. Auch die Vermeidung von Unfällen wird sich nicht immer erreichen lassen. So bleibt für jeden Einzelnen jedenfalls die Möglichkeit eines konsequenten Muskelaufbaus im Rückenbereich durch gymnastische Übungen oder Sport, sowie die Vermeidung des Hebens schwerer Lasten. Es gibt erlernbare Techniken, schwere Lasten „rückengerecht" zu bewältigen, aber das Vermeiden solcher Aktionen ist nicht in jedem Beruf (z. B. Krankenpflege) möglich.

Bodybuilding und Fitnesstraining können in Studios mit weniger qualifiziertem Personal problematisch sein, da Fehlstellungen dort nicht immer erkannt werden.

Erwähnenswert sind auch die „orthopädischen Sportarten", Schwimmen, Tanzen, Laufen (bzw. Joggen, Nordic Walking), Reiten und Fahrradfahren, welche neben dem Muskelaufbau die für Bandscheiben wichtige wechselnde Druckbelastung ermöglichen. Ob nach einem Bandscheibenvorfall Sportarten wie etwa Reiten oder Laufen (auf asphaltiertem/zementiertem Untergrund) ebenso wie Fahrradfahren in stark gebeugter Haltung unbedingt zu vermeiden sind, ist nach Erkenntnissen der modernen Sportmedizin stets vom individuellen Schadensbild abhängig.

Eine wichtige Maßnahme zur Vorbeugung gegen einen Bandscheibenvorfall ist die richtige Ergonomie am Arbeitsplatz. Das gilt neben den körperlichen Arbeiten auch für Tätigkeiten, die im Sitzen verrichtet werden. Heutzutage gibt es viele ergonomische Lösungen für die Arbeit am Bildschirm, am Schreibtisch und Arbeiten, welche lange statische Sitzpositionen erfordern. Da die Bandscheibe nicht von Blutgefäßen versorgt wird, ist sie auf wechselnde Druckbelastung zum Austausch der Nährflüssigkeit angewiesen, womit statische Sitzpositionen möglichst zu vermeiden sind. (Quelle 10)

Adipositas

Adipositas: Ursachen und Risikofaktoren

Die Adipositas-Ursachen gehen weit über zu viel Essen und zu wenig Bewegung hinaus. Eine ganze Reihe von Faktoren scheinen sich gegenseitig zu beeinflussen und zu verstärken. Die genauen Mechanismen sind bislang noch nicht vollständig geklärt. Es zeichnet sich jedoch ab, dass das Krankheitsgeschehen dazu neigt, sich zu verselbstständigen: Je ausgeprägter das Übergewicht ist, desto hartnäckiger verteidigt der Körper die überflüssigen Pfunde.

Essverhalten (Alimentäre Adipositas)

Eines liegt auf der Hand, wer zu viel und zudem noch sehr kalorienreich isst, nimmt mit hoher Wahrscheinlichkeit zu. Doch welche Menge zu viel ist, hängt von vielen Faktoren ab und ist individuell verschieden. Einige Forscher vertreten zudem die Auffassung, dass nicht die Gesamtkalorienmenge entscheidend für die Entstehung von Adipositas sei, sondern die Zusammensetzung der Kost. Beispielsweise, dass Öle mit mehrfach ungesättigten Fettsäuren weniger stark ansetzen als gesättigtes Fett. Oder dass Süßigkeiten dicker machen als Gemüse mit derselben Kalorienmenge. Wieder andere Hypothesen besagen, dass längere Esspausen, in denen der Körper Zeit hat, Essdepots wieder abzubauen, helfen schlank zu werden oder zu bleiben. Wer oft zwischendurch etwas isst, könnte demnach bei gleicher Kalorienzufuhr eher zunehmen. Mindesten vier kalorienfreie Stunden zwischen den Mahlzeiten werden empfohlen.

Bewegungsmangel

Wenn die tägliche Kalorienbilanz „positiv" ist, also mehr Kalorien aufgenommen als verbraucht werden, nimmt man zu. Wer sich ungern bewegt, kann also weniger essen, ohne dick zu werden. Zum einen wird natürlich während der Bewegung selbst mehr Energie verbraucht. Es stellt sich aber auch noch ein Nachbrenneffekt ein: Auch nach Beendigung der Aktivität verbraucht der Körper eine Weile mehr Energie als sonst. Nicht nur das aktuelle Bewegungspensum ist ausschlaggebend: Wer sich wenig bewegt, hat weniger Muskelmasse. Muskeln aber verbrauchen auch in Ruhe mehr Energie als beispielsweise Fettgewebe. Sinkt die Muskelmasse, sinkt auch der sogenannte Grundumsatz, das ist der Energiebedarf des Körpers in Ruhe. Problematisch ist, dass soziale Netzwerke vor allem Jugendliche dazu verlocken, den Tag lieber sitzend mit virtuellen Freunden zu verbringen, als sich tatsächlich körperlich anzustrengen oder sportlich aktiv zu sein. Auch immer mehr Erwachsene pflegen einen Lebensstil, der für Übergewicht anfällig macht: Viele Arbeitnehmer verbringen einen Großteil ihrer Zeit am PC. Radfahren und Laufen sind durch Autofahren oder öffentliche Transportmittel ersetzt worden, Treppensteigen entfällt vielerorts durch Rolltreppen und Aufzüge.

Stoffwechsel

Der Grundumsatz ist noch von weiteren Faktoren abhängig. So gibt es tatsächlich Menschen, die normal essen und trotzdem dick werden. Gute Futterverwerter werden sie genannt. Das klingt erst mal gut, ist in Zeiten eines übergroßen Nahrungsangebots aber problematisch. Das ist zum Teil Veranlagung, kann aber auch durch Diäten verursacht oder verstärkt werden. Dann verlangsamt sich der Stoffwechsel. Umgekehrt gibt es auch sehr schlanke Menschen, die ordentlich zulangen beim Essen – und zwar ohne sich im Ausgleich besonders viel zu bewegen. Fettleibige Menschen verlieren zudem durch die isolierende Fettschicht unter der Haut weniger Wärmeenergie. Daher müssen sie vergleichsweise weniger Energie in Wärme umsetzen, verbrennen also weniger Kalorien.

Umgebung prägt Essverhalten

Essgewohnheiten werden im Kindes- und Jugendalter maßgeblich geprägt. Eine steigende Anzahl von Kindern erlernt aber weder zu Hause, noch in der Schule den richtigen Umgang mit Nahrung. Beispielsweise stört der unkontrollierte Zugang zu Süßigkeiten den natürlichen Rhythmus von Hungergefühl und Nahrungsaufnahme: Gegessen wird ständig und stets. Oft fehlt in der Familie die Zeit für gemeinsames Kochen und gemeinsame Mahlzeiten. Die Lücke wird durch Fast Food-Angebote gefüllt. Damit konsumieren manche praktisch rund um die Uhr hochkalorische Fertignahrungsmittel. Zuckerhaltige, fettige Nahrungsmittel sind zudem häufig deutlich preisgünstiger als hochwertige Lebensmittel.

Genetische Ursachen

Die Gene spielen bei der Entstehung von Adipositas eine große Rolle: Die Ergebnisse von Zwillingsstudien legen nahe, dass Adipositas in etwa 40 bis 70 Prozent der Fälle auf genetische Ursachen zurückzuführen ist. Allerdings ist derzeit noch unklar, wie viele Gene tatsächlich an der Entstehung von Adipositas beteiligt sind und auf welche Weise. Etwa 100 Gene sind bislang bekannt, bei denen ein Zusammenhang mit Übergewicht und Adipositas vermutet wird. Insbesondere das „FTO-Gen" steht im Mittelpunkt der Adipositas-Forschung. Das Gen scheint an der Steuerung des Appetits beteiligt zu sein. Menschen mit einer Mutation in diesem Gen werden möglicherweise erst verzögert satt und nehmen daher leichter zu. Genetisch bedingt könnte auch ein „individuelles Sollgewicht" sein. Die zugrunde liegenden Mechanismen sind bislang vollkommen unklar. Jedoch sprechen Studien mit Adoptivkindern für ein solch genetisch programmiertes Sollgewicht: In diesen Studien glich das Gewicht der Adoptivkinder im Erwachsenenalter seltener dem der Adoptiveltern, sondern häufig dem Gewicht der biologischen Eltern und Geschwister.

Epigenetische Programmierung

Nicht nur die Gene selbst haben großen Einfluss auf das Gewicht, sondern auch, wie aktiv sie im Körper sind. Was viele nicht wissen: Ein großer Teil der Gene ist sogar gänzlich stummgeschaltet und kommt gar nicht zu Einsatz. Welche das sind, wird unter anderem schon im Mutterleib beeinflusst. Ist die Mutter übergewichtig oder entwickelt sie einen sogenannten Gestationsdiabetes, kommen auch die Kinder oft groß und zu schwer zur Welt. Ihr Risiko für Fettleibigkeit ist dann hoch, denn der Körper ist an ein Überangebot an Nahrung gewöhnt. Das Kind tendiert lebenslang dazu, sich zu überessen. Zudem toleriert sein Körper höhere Blutzuckerspiegel. Vor der Geburt und in der Kindheit ist die sogenannte epigenetische Prägung besonders stark. Doch auch im weiteren Leben sind die Lebensumstände entscheidend. Sport, Stress, Hunger oder ständige Überernährung – sie alle können Zellen die Funktionsweise der Körperzellen verändern. Die gute Nachricht ist: Durch einen gesünderen Lebensstil gelingt es auch noch im Erwachsenenalter, viele negative Gene aus- und positive anzuschalten.

Erkrankungen als Adipositas-Ursache

Auch manche Erkrankungen und Medikamente können eine Gewichtszunahme und damit Adipositas begünstigen. Dann sprechen Experten von einer sekundären Adipositas. Polyzystisches Ovar-Syndrom (PCOS): Rund vier bis zwölf Prozent der Frauen im gebärfähigen Alter leiden an dieser Zystenerkrankung der Eierstöcke (Ovarien). Charakteristisch für die Erkrankung sind Zyklusstörungen und Übergewicht. Morbus Cushing (Hypercortisolismus): Bei dieser Erkrankung schütten die Nebennieren unnatürlich viel Kortison ins Blut aus. Das Hormon Kortison bewirkt bei dauerhaft erhöhtem Blutspiegel eine starke Gewichtszunahme, vor allem am Körperstamm („Stammfettsucht"). Schilddrüsenunterfunktion (Hypothyreose): Bei der Schilddrüsenunterfunktion werden die Schilddrüsenhormone T3 und T4 nicht in ausreichender Menge gebildet. Der Energieumsatz ist dann niedriger als normal. Testosteronmangel bei Männern (hypogonadotropher Hypogonadismus): Aufgrund einer unzureichenden Hormonproduktion in Hirnanhangdrüse (Hypophyse) oder Zwischenhirn (Hypothalamus) produzieren Männer bei dieser Erkrankung weniger Testosteron. Auch das begünstigt Fetteinlagerungen. Genetische Syndrome: Menschen mit Prader-Willi-Syndrom (PWS) oder dem Laurence-Moon-Biedl-Bardet-Syndrom (LMBBS) sind häufig extrem fettleibig. Psychische Erkrankungen: Auch Menschen mit Depression oder Angststörungen leiden häufig zusätzlich unter Adipositas. Essen dient als kurzzeitige Entlastung für die Psyche. Die psychische Belastung wiederum kann durch das zunehmende Körpergewicht steigen, wodurch Betroffene noch mehr essen, um sich wieder besser zu fühlen. Binge-Eating-Störung: Auch eine Binge-Eating-Störung, bei der die betroffenen immer wieder Fressanfälle bekommen, können eine starke Gewichtszunahme verursachen.

Medikamente

Einige Medikamente haben die unerwünschte Nebenwirkung, den Appetit anzuregen oder vermehrt Wasser einzulagern. Zu diesen Medikamenten gehören:

- Antihistaminika (Medikamente gegen Allergien)
- Psychopharmaka wie Antidepressiva und antipsychotische Medikamente
- dauerhafte Kortison bei langfristiger und/oder hoch dosierter Anwendung
- Antidiabetika, insbesondere Wirkstoffe wie Glibenclamid, Glimepirid, Nateglinid und Repaglinid
- Blutdruckmedikamente, vor allem Betablocker
- Antiepileptika, zum Beispiel Valproinsäure und Carbamazepin
- Migränemedikamente wie Pizotifen, Flunarizin oder Cinnarizin

Adipositas: Behandlung

Zur Behandlung einer Adipositas reicht es nicht aus, kurzfristig etwas Gewicht zu reduzieren. Um schwere Folgeerkrankungen abzuwenden, müssen Menschen mit Adipositas dauerhaft ihr Gewicht senken und ihren Energiestoffwechsel wieder normalisieren.

Damit die Adipositas-Therapie langfristig erfolgreich ist, sind tiefgreifende Veränderungen der Lebensgewohnheiten nötig. Eine Adipositas-Therapie beruht immer auf der Kombination von Ernährungs-, Bewegungs- und Verhaltenstherapie.

Diese Abbildung wurde aus urheberrechtlichen Gründen von der Redaktion entfernt

Adipositas oder Fettleibigkeit, ist kein Figurproblem charakterschwacher Menschen, sondern eine anerkannte, chronische Erkrankung. Sie gehört zum Kreis der hormonellen, Ernährungs- und Stoffwechselkrankheiten. Die Deutsche Adipositas Gesellschaft definiert Adipositas als eine über das normale Maß hinausgehende Ansammlung von Fettgewebe im Körper

Ab einem Body-Mass -Index von 25 gilt ein Mensch nach den Richtlinien der Weltgesundheitsorganisation WHO als übergewichtig, ab einem BMI von 30 als adipös. Der BMI errechnet sich aus dem Gewicht (in kg) geteilt durch die Körpergröße im Quadrat (m2). Somit wäre beispielsweise eine Person mit einer Körpergröße von 180 cm mit einem Gewicht von 81 Kilogramm übergewichtig und mit 98 Kilogramm fettleibig.

Übergewichtig oder fettleibig wird ein Mensch, wenn er seinem Körper langfristig mehr Energie zuführt als er verbraucht (positive Energiebilanz). Nahrungsaufnahme und Bewegung sind also zwei Stellschrauben, über die sich das Gewicht beeinflussen lässt.

Allerdings gibt es zahlreiche Faktoren, die den Stoffwechsel und damit die individuelle Energiebilanz erheblich beeinflussen. Dazu gehört die genetische Ausstattung, die Ernährung der Mutter in der Schwangerschaft oder auch die Hormone. Daher muss jemand, der übergewichtig ist, nicht zwangsläufig mehr essen oder sich weniger bewegen als eine schlanke Person.

Fettleibigkeit, auch Obesitas genannt, belastet den ganzen Körper und birgt daher ein hohes Risiko von Folgeerkrankungen – von Herzinfarkt über Diabetes bis hin zu verschiedenen Krebserkrankungen. Dass inzwischen ein Viertel der Erwachsenen in Deutschland fettleibig sind, ist daher ein großes gesellschaftliches Problem.

Ab einem BMI von 40 sprechen Mediziner auch von einer Adipositas permagna oder von Adipositas Grad 3. Die Betroffenen sind sehr stark fettleibig und daher meist in ihrer Lebensqualität stark eingeschränkt. Selbst langsames Gehen oder Sitzen fällt ihnen schwer.

Die Wahrscheinlichkeit, dass sie an Folgeerkrankungen wie Diabetes und Bluthochdruck leiden, ist bei ihnen besonders hoch, ihre Lebenserwartung ist reduziert. Meist leidet das Selbstbewusstsein unter dem starken Übergewicht und die Betroffenen werden durch ihre Umwelt stigmatisiert.

Je ausgeprägter das Übergewicht ist und je länger es besteht, desto größer sind in der Regel die körperlichen Beschwerden. Auch das Risiko für Folgeerkrankungen steigt. Dazu tragen auch die Botenstoffe bei, die im Fettgewebe gebildet werden. Sie werden Adipokine genannt. Während es im Bereich der Übergewichtigen durchaus einige gibt, die körperlich fit und gesund sind, ist das bei fettleibigen Menschen unwahrscheinlich.

Hauptsymptom krankhafte Fettansammlung

Das Hauptsymptom von Adipositas sind die übermäßigen Ansammlungen von Fettdepots im Körper. Sie belasten den Körper schon durch die schiere Last, die er zu tragen hat und die mit Sauerstoff und Nährstoffen versorgt werden muss.

Die Fettdepots sind zudem keine bloßen Fettspeicher. Sie produzieren Botenstoffe, die den Stoffwechsel und viele andere körperliche Funktionen negativ beeinflussen.

Fettverteilung: Apfeltyp und Birnentyp

Wie gefährlich das Fett ist, hängt nicht nur von der Menge ab, sondern auch davon, wo es sich ansammelt. Als gesundheitlich besonders ungünstig gelten Fettspeicher in der Bauchregion. Das sogenannte viszerale Fett sammelt sich nicht nur unter der Haut, sondern auch rund um die Organe. Die Körpersilhouette bei dieser Fettverteilung bezeichnet man auch als „Apfeltyp". Sie ist vor allem für Männer typisch.

Bei Frauen hingegen reichert sich Fett vor allem an den Hüften und den Oberschenkeln an. Daher wird diese Form als „Birnentyp" bezeichnet. Diese Depots sind weniger gesundheitsschädlich als die vom Apfeltyp.

Risikofaktor Bauchumfang

Als Faustregel gilt bei Frauen ein Bauchumfang von über 80 cm als riskant, bei Männern von über 94 cm. Damit steigt unter anderem das Risiko für Schlaganfall und Typ-2-Diabetes. Bei einem Bauchumfang von über 88 cm bei Frauen und 102 cm bei Männern ist das Risiko sogar deutlich erhöht.

Eingeschränkte körperliche Leistungsfähigkeit

Herz und Kreislauf werden durch das Übergewicht besonders beansprucht. Bereits geringe körperliche Belastungen werden zu einem anstrengenden Unterfangen. Das liegt einerseits an der Gewichtslast, aber auch daran, dass insgesamt mehr Gewebe durchblutet werden muss.

Die eingeschränkte körperliche Leistungsfähigkeit macht sich in erster Linie durch Kurzatmigkeit, beziehungsweise Atemnot bemerkbar. Diese entsteht, wenn Herz und Lunge den erhöhten Sauerstoffbedarf nicht kompensieren können und somit ein Sauerstoffmangel im Blut und im Gewebe herrscht.

Da jede körperliche Aktivität aufgrund des Gewichts sehr anstrengend und wegen der Atemnot unangenehm ist, scheuen viele Menschen mit Adipositas körperliche Anstrengung. Doch gerade der Bewegungsmangel kann eine Hauptursache für Adipositas sein. Die Betroffenen können in einen Teufelskreis aus Bewegungsmangel und Gewichtszunahme geraten, der ihr Gewicht immer weiter nach oben treibt.

Gelenkverschleiß

Neben dem Herz-Kreislauf-System leidet vor allem der Bewegungsapparat unter der Adipositas. Durch die hohe Belastung der Gelenke verschleißen diese vorzeitig. Dabei wird nach und nach die feine Knorpelschicht in verschiedenen Gelenken irreparabel zerstört (Arthrose). Besonders häufig sind Knie, Hüftgelenk und Sprunggelenk betroffen. Adipositas kann zudem zu einem vorzeitigen Verschleiß der Bandscheiben zwischen den Wirbelkörpern führen und somit auch einen Bandscheibenvorfall (Diskusprolaps) verursachen.

Vermehrtes Schwitzen (Hyperhidrosis)

Menschen mit einer Fettsucht schwitzen häufig übermäßig. Ein Grund dafür ist die gewichtsbedingte vermehrte körperliche Belastung, ein weiterer die schlechtere Wärmeableitung über das Fettgewebe. Vielen Menschen mit Adipositas ist ihr starkes Schwitzen sehr unangenehm.

Reflux (Sodbrennen)

Die Fettspeicher im Bauchraum können kontinuierlich auf die Verdauungsorgane, zum Beispiel auf den Magen drücken. Dann wird saurer Magensaft zurück in die Speiseröhre gepresst und verursacht dort Sodbrennen. Langfristig verändern die Säureattacken die Zellen der Speiseröhre: Es entwickelt sich ein sogenannter Barrett-Ösophagus, der zu Krebs entarten kann.

Schlafapnoe

Menschen mit Schlafapnoe-Syndrom (SAS) leiden unter Atemaussetzern während des Schlafs. Die häufigste Form dieser Erkrankung ist das sogenannte obstruktive Schlafapnoe-Syndrom (OSAS). Dabei erschlafft während des Schlafs die Muskulatur der oberen Atemwege. Das behindert den Luftstrom der normalen Atmung und die Schlafqualität ist schlecht. Bei stark übergewichtigen Menschen ist das häufig der Fall.

Menschen mit Schlafapnoe sind häufig sehr müde und unkonzentriert. Auch die Psyche wird durch die mangelnde Erholung während des Schlafs belastet.

Krampfadern (Varikosis) und Thrombosen

Bei adipösen Menschen treten häufiger Krampfadern auf. Darunter versteht man eine Erweiterung der oberflächlichen Venen an den Beinen. Ausgeprägte Krampfadern bergen ein erhöhtes Risiko für Blutgerinnsel (Thrombosen) in den Beinvenen.

Weshalb Menschen mit Adipositas vermehrt zu Krampfadern neigen, ist bislang nicht eindeutig geklärt. Möglicherweise ist das vergleichsweise schwächere Bindegewebe von adipösen Menschen der Grund. Forscher vermuten außerdem, dass die Fettzellen eine Reihe von Botenstoffen freisetzen, welche die Gefäßwände der Venen schwächen.

Gallensteine (Cholecystolithiasis)

Adipositas ist einer der wichtigsten Risikofaktoren für Gallensteine. Menschen mit Adipositas haben häufig hohe Cholesterinwerte. Wenn das Cholesterin auskristallisiert, bilden sich Gallensteinen. Cholesterinsteine sind die häufigste Gallensteinart in den Industriestaaten.

Gicht (Hyperurikämie)

Mit Adipositas steigt häufig auch der Harnsäurespiegel im Blut an. Wenn die Harnsäure im Blut eine kritische Konzentrationsschwelle überschritten hat, kann sie auskristallisieren. Die Harnsäurekristalle lagern sich dann in Gelenken ab und können dort durch eine Entzündung einen Gichtanfall mit großen Schmerzen verursachen.

Fettleber

Isst eine Person zu viel und zu fett, belastet das auch die Leber. Sie lagert immer größere Mengen Fett ein - es entsteht eine sogenannte Fettleber, die meist lange keine Beschwerden verursacht. Wirklich problematisch wird es, wenn die Leber beginnt zu vernarben und sich umzubauen: Eine Schrumpfleber (Leberzirrhose) bildet sich.

Psychische Probleme

Menschen mit Adipositas werden häufig aufgrund ihres Gewichts stigmatisiert. Umfragen zeigen, dass zwei Drittel der Deutschen die Gründe für Adipositas in Bewegungsfaulheit und übermäßigem Essen vermuten. Die meisten Befragten gingen davon aus, dass die Fettleibigkeit selbst verschuldet sei. Mit diesen pauschalen Bewertungen werden die

Betroffenen häufig im Alltag konfrontiert. Sozialer Rückzug und möglicherweise vermehrtes Trostessen können die Folgen sein.

Die Stigmatisierung kann zahlreiche psychische Erkrankungen auslösen: Menschen mit Adipositas leiden beispielsweise vermehrt unter Depression und Angststörungen. Besonders Kinder und Jugendliche treffen die soziale Isolation und die Ablehnung durch Gleichaltrige. Negative prägende Erfahrungen in diesem Alter können die psychische Stabilität der Heranwachsenden massiv beschädigen und nachhaltige psychische Störungen verursachen.

3.3 Krafttestung

Ergebnisse der Testreihe nach Eifler (2013) mit der ILB-Methode für die Kundin

Testlauf 1.	Testlauf 1	Testlauf 2	Testlauf 3	Ergebnis für Woche 1 in kg, (50% ILB)
Beckenlift	10 kg; 13 Wdh	5kg 20 Wdh	7,5 kg 20 Wdh	4
Latzug br. Obergriff	30 kg; 16 Wdh	25kg 20 Wdh	-----	12,5
Bauchpresse am Gerät	10 kg; 25 Wdh	15 kg 20 Wdh	-------	7,5
Hyperextensions Maschine	20 kg; 14 Wdh	15kg 16 Wdh	10kg 20 Wdh	5
Goblet Squat	10 kg 14 Wdh	5kg 20 Wdh	7,5 kg 20 Wdh	5
Seitliche Crunches zum Fuß	20 Wdh	17 Wdh	15 Wdh	15
Seitlicher Rücken: Rudern breiter Untergriff	10 kg; 13 Wdh	5kg 20 Wdh	7,5 kg 20 Wdh	4

Kontrolle der Leistungsentwicklung

Nach jedem Zyklus wird der Test unter möglichst gleichen Umständen wiederholt. Die Differenz der Ergebnisse stellt den Trainingserfolg in Bezug auf Kraftsteigerung dar und kann mit den Zielewerten verglichen und bewertet werden, um weiterhin individuell und zielgerichtet zu planen.

3.4 Zielsetzung/Prognose

Rückenschmerzen vermindern

An Lebensqualität gewinnen durch weniger schmerzen und ein gesundes Gewicht erreichen. Die Steigerung der Kraft ist der Kundin wichtig um ihren Alltag zu meistern, Schmerzen zu vermindern und ihre Hobbies länger ausführen zu können. Die Gewichtsreduktion (Körperfettreduktion) innerhalb 6 Monaten kommt einerseits dem Ziel der Kundin nach, gut auszusehen, andererseits empfiehlt es sich nach der BMI-Klassifizierung der WHO (2006) auch vom gesundheitlichen Standpunkt aus. Auch der Blutdruck soll reduziert, ein eventuell drohender weiterer Anstieg vermieden und Folgeschäden verhindert werden.

Die Steigerung der Kraft ist der Kundin wichtig um ihren Alltag zu meistern, Schmerzen zu vermindern und ihre Hobbies länger ausführen zu können.

Die Muskelhypertrophie als Anpassung des Weiteren Zyklusverlaufs trägt zur optischen Körperformung und Straffung bei. Die Ziele der Kundin sind die persönlichen Voraussetzungen und den zeitlichen Rahmen betreffend realistisch.

3.5 Trainingsdurchführung

Trainingsparameter	Mesozyklus 1	Mesozyklus 2	Mesozyklus 3	Mesozyklus 4	Mesozyklus 5	Mesozyklus 6
Dauer	4 Wochen	4 Wochen	4 Wochen	4 Wochen	4 Wochen	4 Wochen
Methode	Hypertrophie Training	Hypertrophie Training	Maximalkrafttraining	Hypertrophie Training	Hypertrophie Training	Maximalkrafttraining
Wiederholungen	8 - 15	6 - 9	1 - 6	8 - 15	6 - 9	1 - 6
Intensität	60 - 80%	70 - 80 %	80 - 100 %	60 - 80%	70 - 80 %	80 - 100 %
Sätze	3 - 5	3 - 5	4 - 8	3 - 5	3 - 5	4 - 8
Training pro Woche	2 - 3	2 - 3	2	2 - 3	2 - 3	2
Anzahl der Übungen	7	7	7	7	7	7

3.5.1 Übungsauswahl

1. Beckenlift

Äußerst effektive Übung zur Kräftigung der Oberschenkelrückseite und ist somit bestens als Ergänzung eines Bauch Beine Po-Programms anzuwenden. Außerdem werden der große Gesäßmuskel sowie der untere Rückenstrecker gekräftigt

Diese Abbildung wurde aus urheberrechtlichen Gründen von der Redaktion entfernt

.

Ausführung:

Rückenlage, Beine angewinkelt, Fersen in den Boden gestemmt. Arme liegen neben dem Oberkörper, Handflächen zeigen nach oben. Fersen ausatmend in den Boden drücken und das Becken maximal nach oben anheben, bis Oberkörper und Oberschenkel eine Linie bilden.

Einatmend langsam wieder zum Boden zurück.

15- bis 20-mal, 2-3 Durchgänge.Die Füße schulterbreit und parallel zueinander aufstellen. Vorfuß hochziehen und nur die Fersen in den Boden stemmen. Fuß-, Knie- und Hüftgelenke bleiben in einer Achse. Becken anheben und wieder senken, ohne das Gesäß abzulegen.

Bewegung langsam und gleichmäßig ausführen. Das Becken wird nicht bis zur Hüftstreckung angehoben. Die Knie kippen nicht nach innen oder außen.

Durch die Ausführung der Übung auf einem Bein bzw. eine Vergrößerung des Kniewinkels kommt es zu einer intensiveren Kräftigung.

2. Latzug

Diese Abbildung wurde aus urheberrechtlichen Gründen von der Redaktion entfernt

Angesprochene
Muskeln

- Breiter Rückenmuskel (musculus latissimus dorsi)

- Kapuzenmuskel (musculus trapezius)

- Großer Rautenmuskel (musculus rhomboideus major)

- Kleiner Rautenmuskel (musculus rhomboideus minor)

- Großer Rundmuskel (musculus teres major)

- Bizeps (musculus biceps brachii)

Bewegungsablauf:

Die Startposition

Bestücke das Kabel mit der Latzugstange und ergreife sie im breiten Obergriff. Setz dich anschließend mit dem Gesicht zum Zugturm auf die Sitzfläche und klemm deine Oberschenkel unter das dafür vorgesehene Polster, so dass du festsitzt und nicht vom Gewicht nach oben gezogen werden kannst. Winkel deine Arme leicht an, streck deinen Rücken und halte ihn im leichten Hohlkreuz. Lehne dich ein klein wenig zurück und hol tief Luft. Dein Gesicht zeigt nach vorn.

Die Abwärtsbewegung

Atme nun aus und zieh die Stange langsam und kontrolliert in Richtung deiner Brust. Wichtig: Bewege das Gewicht ausschließlich mit der Kraft deiner Rückenmuskulatur und deiner Arme, erleichtere dir die Bewegung nicht dadurch, dass du deinen gesamten Oberkörper nach hinten lehnst! Du solltest bei der Abwärtsbewegung merken, wie der gesamte obere Teil deines Rückens unter Spannung steht. Die Endposition ist erreicht, wenn die Stange deinen Körper oberhalb deiner Brust berührt.

Die Aufwärtsbewegung

Beginne nun langsam mit der Aufwärtsbewegung. Arbeite dabei konstant gegen den Zug des Kabels, lass die Gewichte auf keinen Fall von selbst heruntersausen. Erstens besteht so die Gefahr von Verletzungen und zweitens trainierst du deine Muskeln auch während der Aufwärtsbewegung. Du kannst das Gewicht soweit absenken, bis es wieder aufliegt oder es kurz vorher stoppen und mit der nächsten Wiederholung beginnen – in beiden Fällen solltest du die Spannung in deinem Körper bewahren

3. Bauchpresse am Gerät

Diese Abbildung wurde aus urheberrechtlichen Gründen von der Redaktion entfernt

Zielmuskeln:

- Gerader Bauchmuskel - musculus rectus abdominis
- Pyramidenförmiger Muskel - musculus pyramidalis

Unterstützende Muskulatur:

- Schräger Bauchmuskel - musculus obliquus abdominis

Erklärung der Übung

Eigentlich fast alle Fitnessstudios haben in ihrem Gerätepark auch ein Bauchgerät für den geraden Bauchmuskel (musculus rectus abdominis). Die Gerätevielfalt kennt hier keine Grenzen, aber letztendlich wird immer ein Trainingsgewicht mit dem Oberkörper und/oder den Armen über eine Crunch-Bewegung bewegt.

Trainiert wird mit diesem Gerät der gerade Bauchmuskel natürlich als Ganzes, dennoch ist durch die ausschließliche Krümmungsbewegung des Oberkörpers ein verstärkter Trainingsreiz im oberen Bereich des Bauches zu spüren

4. Hyperextension Maschine

Erklärung Fallbeispiel 1

Diese Abbildung wurde aus urheberrechtlichen Gründen von der Redaktion entfernt

5. Goblet Squat

Diese Abbildung wurde aus urheberrechtlichen Gründen von der Redaktion entfernt

Squats, oder auch Kniebeugen sind eine der Grundübungen im Kraftsport und beanspruchen dementsprechend eine Vielzahl von Muskeln gleichzeitig. Squats sind daher besonders anstrengend und herausfordernd.

Primär beanspruchte Muskelgruppen:
- Vordere Oberschenkelmuskulatur (Quadrizeps)
- Hüftstrecker, insbesondere Gluteus Maximus (großer Gesäßmuskel)
- Muskeln des unteren Rückens (insbesondere Rückenstrecker)

Sekundär beanspruchte Muskelgruppen:

- Bauchmuskulatur
- Hüftadduktoren und -abduktoren
- Waden
- Hintere Oberschenkelmuskulatur (Beinbizeps, ischiocrurale Muskulatur)
- Schultermuskulatur (Retroversion und Retraktion)

Bewegungsablauf:

Beim Goblet Squat hältst du eine Kurzhantel oder eine Kettlebell vor deinem Körper auf Brusthöhe und führst mit diesem Gewicht die Beugebewegung durch. Da das Halten des Gleichgewichts so leichter ist, als mit dem Gewicht hinter dem Kopf, kannst du tiefer beugen. Zahlreiche Muskelstränge in den Beinen und im Rumpf, die bei anderen Squat Varianten mit schwerer Stabilisierungsarbeit ausgelastet sind, werden deutlich weniger belastet, sodass du bestimmte Muskelgruppen durch leichte Bewegungsanpassungen gezielter ansteuern kannst. Außerdem kannst du die Hantel einfach fallen lassen, wenn du das Gleichgewicht verlierst.

Der Start

Sobald du dich richtig positioniert hast, kannst du die Langhantel ausheben. Dazu richtest du deine Beine auf und streckst sie durch. Mit der Langhantel gehst du nun ein bis zwei sichere, kontrollierte Schritte zurück, sodass du dich frei bewegen kannst. Du stehst nun in der gleichen Position wie vor dem Ausheben. Vermeide unbedingt mehrere kleine "Tippelschritte", denn du kannst leicht das Gleichgewicht verlieren. Ausführung high bar squat (= olympische Kniebeuge): Dein unterer Rücken ist möglichst gerade, während sich deine Ellenbogen senkrecht unter der Hantel befinden. Versuche deine Ellenbogen unter die Hantel zu drücken, gleichzeitig deine Schulterblätter zusammenzuziehen und die Brust zu heben, damit du Spannung im Oberkörper aufbaust. Dein Kopf bildet eine Linie mit dem Torso. Das heißt, er bildet eine Verlängerung des Rückens – du guckst weder zum Boden, noch zum Spiegel oder zur Seite. Fixiere dazu am besten während der ganzen Bewegung einen Punkt etwa 2-3 Meter vor dir. So beugst du unnötigen Verletzungen, insbesondere deiner Halswirbelsäule, vor.

Die Atmung

Die richtige Atmung ist unerlässlich, um das Bestmögliche aus der Übung herauszuholen. Zusätzlich stabilisiert die richtige Atmung dich und hilft dir, die Squats korrekt auszuführen. Bevor du mit der Abwärtsbewegung beginnst, holst du tief Luft und hältst diese an, bis du wieder oben bist. Die Luft in der Lunge verschafft dir so mehr Stabilität im Bauch. Das ist das sogenannte "Valsalver Manöver". Du holst also oben Luft, hältst diese während der Übung an und atmest oben wieder aus und ein. Auch ein Einatmen während der Abwärtsbewegung mit anschließendem Halten während der Aufwärtsbewegung ist möglich und hilft gerade Trainierenden weiter, die ein Problem mit einer langsamen, kontrollierten Abwärtsbewegung haben.

Die Abwärtsbewegung

Jetzt heißt es Spannung aufbauen: Stell dir vor, jemand schlägt dir in die Magengrube und du kannst den Schlag nur mit dem Anspannen deiner Bauchmuskeln abwehren, diese Bauchspannung hältst du nun während jeder einzelnen Wiederholung. Anschließend schiebst du die Hüfte nach hinten, während die Knie sich beugen und nach vorne und außen drücken. Stell dir dafür vor, du würdest dich auf einen kleinen Hocker oder die Toilette setzen. Geh dabei aber nur so tief, wie du deinen Rücken gerade halten kannst! Optimal wäre es, wenn du es mit geradem Rücken schaffst, die Parallele zu brechen. Das bedeutet, dass sich dein Po am tiefsten Punkt der Kniebeuge unterhalb der Kniehöhe befindet. In der high bar Kniebeuge hast du das volle Bewegungsausmaß erreicht, wenn der hintere Oberschenkel die Wade komplett bedeckt, während der Oberkörper aufrecht ist und die Hacken fest am Boden stehen. Ohnehin solltest Du während der gesamten Übung das Gewicht gleichmäßig auf Vorfuß und Hacke verteilen. Bei der low bar squat ist die tiefste Position erreicht, wenn die Oberschenkel sich parallel zum Boden befinden.

Die Aufwärtsbewegung

Vom tiefsten Punkt der Kniebeuge geht es nun direkt wieder hoch. Dafür drückst du deine Knie nach außen, deine Brust bleibt oben und deine Füße drückst du in den Boden. Die Langhantel befindet sich dabei in einer senkrechten Linie über dem Mittelfuß. Dein Oberkörper sollte die ganze Zeit gerade bleiben. Zwischen den Wiederholungen pausierst du oben am besten kurz. Dafür schiebst du deine Knie zusammen mit der Hüfte nach vorne und atmest aus, so ruht das Gewicht sicher auf deinem Skelett ("Lock Out"). Jetzt fokussierst du dich auf deine nächste Wiederholung und atmest tief ein. Nachdem du die letzte Wiederholung vollständig ausgeführt hast, kannst du die Hantel kontrolliert wieder in die Halterung legen. Gehe mit einem Blick nach rechts und links unbedingt sicher, ob die Hantelstange wirklich sicher in der Halterung liegt.

6. Seitliche Crunches zum Fuß

Diese Abbildung wurde aus urheberrechtlichen Gründen von der Redaktion entfernt

Zielmuskeln:

-   Schräger Bauchmuskel - musculus obliquus abdominis

Unterstützende Muskulatur:

-   Gerader Bauchmuskel - musculus rectus abdominis
-   Pyramidenförmiger Muskel - musculus pyramidalis

Erklärung der Übung

Die Seitlichen Crunches zum Fuß sind eine Variante der Seitlichen Crunches. Sie trainieren die schrägen Bauchmuskeln und können ohne Equipment absolviert werden.

Lege dich in Rückenlage auf den Boden. Deine Beine stellst du auf. Die Füße sollten so weit vom Hintern entfernt sein, dass du im Kniegelenk einen Winkel von etwa 90 Grad hast. Deine Arme legst du ausgestreckt neben den Körper.

Hebe nun den Kopf, die Schultern und die Schulterblätter vom Boden ab. Spanne deine Bauchmuskeln an und halte die Spannung. Die Arme sind weiterhin ausgestreckt und befinden sich jetzt ebenfalls in der Luft. Dies ist die Ausgangshaltung für die Seitlichen Crunches zum Fuß.

Die Übung kann beginnen. Führe abwechselnd die ausgestreckten Arme zu den Füßen: Erst führst du die linke Hand zum linken Fuß, dann die rechte Hand zum rechten Fuß. Und so weiter. Es ist dabei nicht wichtig, die Füße zu berühren. Wenn es dir gelingt, umso besser.

Während sich ein Arm dem Fuß nähert, atmest du aus. Während du den Arm wieder zurückbewegst, atmest du ein. Wichtig: Die Streckbewegung sollte zur Seite hin erfolgen. Das bedeutet, dass du den Oberkörper im Verlauf der Übung nie weiter aufrichten solltest, als es in der Ausgangshaltung der Fall ist. Stattdessen spannst du die seitlichen Bauchmuskeln an und beugst den Oberkörper zur Seite hin.

7. Oberer Rücken: Rudern enger Griff

Muskelgruppen:

- Den mittleren und unteren Anteil des Trapezius (Pars ascendens und transversa)
- Rhomboiden (Rhombodeus Major & Minor)
- Den hinteren Kopf des Deltamuskels (Pars Spinalis des Deltoideus)
- Den breiten Rückenmuskel ("Lat" oder M. latissimus dorsi)
- Den Bizeps (Biceps Brachii)
- Und (für viele unerwartet) den Trizeps (Caput Longum)

Rudern am Seilzug mit einem engen, neutralen Griff (Dreiecksgriff) wird am Gerät sitzend ausgeführt. Die Beine sind leicht angewinkelt und der Rücken in der Ausgangsstellung leicht nach vorne gebeugt.

Ziehe beim Ausatmen den Seilzug weit möglichst nach hinten, während der Oberkörper aufgerichtet wird.

Strecke die Arme langsam wieder und beuge den Körper in die Ausgangsstellung zurück (ohne den Seilzug komplett abzulassen).

Rudern am Seilzug sollte ohne Schwung (Abfälschen) durchgeführt werden, um die Zielmuskulatur effektiv trainieren zu können.

3.6 Fazit:

Mit diesen einfachen Übungen kann die Kundin den Rücken stärken und die Wirbelsäule mobilisieren. Auch die Bauchmuskulatur wird gestärkt, denn eine starke Bauchmuskulatur und ein kräftiger Rumpf ist ebenfalls wichtig, um Rückenbeschwerden vorzubeugen. Auf Dauer hilft nach einem Bandscheibenvorfall keine Schonung, sondern regelmäßiges Training und Bewegung mit dem Ziel, den Körper auszubalancieren, die Muskulatur zu stärken und die Bandscheiben zu entlasten. Dabei können auch Alltagstätigkeiten helfen

Ich würde der Kundin empfehlen sich für den Alltag eine Blackroll zu kaufen um damit Zuhause regelmäßig ihre Faszien zu trainieren.

4.0 Literaturverzeichnis

1) http://www.fpz.de/krankenkassen/eine-volkskrankheit-in-zahlen.html
2) (Heck, 1990, 51   ; Spencer & Gastein, 2001; Hollmann & Strüder, 2009, 67f).
3) https://de.123rf.com/photo_87963505_wirbels%C3%A4ule-des-menschlichen-k%C3%B6rpers-anatomie-infografik-diagramm-mit-allen-wirbel-geb%C3%A4rmutterhalskrebs-len.html
4) https://www.hessing-kliniken.de/orthopaedische fachkliniken/wirbelsaeulenzentrum/skoliose/
5) https://www.fitundattraktiv.de/thema/uebungen/ruecken/
6) https://www.dr-gumpert.de/html/bandscheibenvorfall_symptome.html

7)   C.H. Flamme: *Übergewicht und Bandscheibenschaden. Biologie, Biomechanik und Epidemiologie.* In: *Der Orthopäde*, 34, 7/2005, S. 652–657, doi:10.1007/s00132-005-0817-6.
8) ↑ L. Kaila-Kangas, P. Leino-Arja, H. Riihimäki, R. Luukonen, J. Kirjonen: *Smoking and overweight as predictors of hospitalization for back disorders.* In: *Spine*, 28, 2003, S. 1860–1868.
9) ↑ *Bandscheibenvorfall verursacht Entzündung am Rückenmark.* Aachener Nachrichten Online
10) ↑ ^{Hochspringen nach:a b c} Langfassung der AWMF-Leitlinie *Radikulopathie, lumbale* vom 30. September 2012 (Memento vom 22. Februar 2014 im *Internet Archive*) (PDF; 901 kB)